广东省民族宗教研究院
『图说广东民族与宗教』书系

图说广东壮族

赵双喜 张菽晖 ◉ 著

SPM
南方出版传媒
广东人民出版社
·广州·

图书在版编目（CIP）数据

图说广东壮族 / 赵双喜，张菽晖著. —广州：广东人民出版社，2019.8
（“图说广东民族与宗教”书系）
ISBN 978-7-218-13673-8

Ⅰ.①图… Ⅱ.①赵… ②张… Ⅲ.①壮族－民族历史－广东－图集 ②壮族－民族文化－广东－图集 Ⅳ.①K281.8-64

中国版本图书馆CIP数据核字（2019）第131144号

TUSHUO GUANGDONG ZHUANGZU
图说广东壮族　赵双喜　张菽晖　著

出 版 人：肖风华

总 策 划：罗贻乐
责任编辑：梁　茵　谢应祥
装帧设计：陈　毅
责任技编：周　杰　吴彦斌

出版发行：广东人民出版社
地　　址：广州市新港西路204号2号楼（邮政编码：510300）
电　　话：（020）85716809（总编室）
传　　真：（020）85716872
网　　址：http://www. gdpph. com
印　　刷：珠海市豪迈实业有限公司
排　　版：广州市友间文化传播有限公司
开　　本：787毫米×1092毫米 1/12
印　　张：12⅔　　字　　数：200千
版　　次：2019年8月第1版　2019年8月第1次印刷
定　　价：128.00元

如发现印装质量问题，影响阅读，请与出版社（020-85716849）联系调换。
售书热线：（020）85716826

目录

总序 / 1
前言 / 1
第一章　追本溯源 / 1
　一、溯源与迁徙 / 1
　二、烽火与抗争 / 9
第二章　田耕南岭 / 21
　一、耕种与稻作 / 21
　二、饮食与菜式 / 28
第三章　叠彩壮乡 / 41
　一、织锦与服饰 / 41
　二、干栏与院落 / 50
第四章　多姿信仰 / 59
　一、牌匾与匾额 / 59
　二、宗祠与土地庙 / 66
　三、年节与民俗 / 72

第五章　土风越俗 / 91

一、新生与希望 / 91

二、婚嫁与爱情 / 94

三、死生与传承 / 101

第六章　壮歌傩舞 / 105

一、壮歌与傩舞 / 105

二、游戏与竞技 / 115

三、今朝壮乡 / 119

总序

2010年7月，广东省委十届七次全会召开，专题研究建设文化强省，接着出台了《广东省建设文化强省规划纲要（2011—2020年）》。省委全会专门讨论文化工作，规格之高，历史少见。《纲要》中有不少内容与广东省民族、宗教文化密切相关，如提出加强对重点文物、非物质文化遗产、古籍的有效保护、开发和利用，保护和发展文化遗产；做好国家级和世界文化遗产申报和保护利用工作，推动有条件的地区申报国家和省级历史文化名城、名镇、名村；加大重点非物质文化遗产项目及其生态环境的整体性保护，建立广府文化、客家文化、潮汕文化、雷州文化、华侨文化、禅宗文化、海洋文化、少数民族文化等文化生态保护区，打造若干个国家级文化生态保护区，例如韶关乳源瑶族自治县文化生态保护区、清远连南瑶族自治县文化生态保护区、清远连山壮族瑶族自治县文化生态保护区等。《纲要》还设定了广东文化强省建设十项工程，未来10年“文化强省”的蓝图清晰可见。

怀集下帅碧桂园新村壮族图像浮雕

广东省的民族与宗教有着鲜明的地域特色。民族方面，56个民

《皇清职贡图》中的贺县（今贺州八步区）壮妇

《皇清职贡图》中的贺县（今贺州八步区）壮人

族成分齐全，世居少数民族有瑶、壮、回、满、畲等，各有丰富多彩的民族文化。有连南瑶族自治县、连山壮族瑶族自治县、乳源瑶族自治县三个民族自治县和连州市三水瑶族乡、瑶安瑶族乡，以及阳山县秤架瑶族乡、始兴县深渡水瑶族乡、怀集县下帅壮族瑶族乡、龙门县蓝田瑶族乡、东源县漳溪畲族乡等七个民族乡。宗教方面，广东自古就有多种宗教存在，佛教、道教、伊斯兰教、天主教、基督教等各自有传播与演化的历史过程，宗教传播历史久远，宗教文化底蕴深厚。

广东省民族宗教研究院在长期的学术实践中形成了自己独特的研究特色和研究团队，在全国学术界颇有影响。但过去研究院的学术成果主要体现在专门论著与调研报告上，编辑出版图录则是成果表现形式上的一次创新。"图说广东民族与宗教"书系的出版，将具有以下重要意义：

第一，贯彻落实省委、省政府建设文化强省的决策部署，弘扬广东省民族、宗教优秀文化；

第二，丰富、直观地反映广东特色鲜明的民族和宗教的历史、文化，成为广东文化独特的宣传名片，为文化强省建设服务；

第三，保存珍贵的历史图片，为了解、研究民族和宗教提供有参考价值的视觉资料；

第四，在全国率先出版民族、宗教图录，创新研究成果的表现形式。

书系将以"图说"的形式全面反映广东的民族和宗教的历史、文化、景观、人物、建筑等。力求以图存史，以图寻迹，集录广东民族与宗教方面的珍贵图片，既有史料价值，又有现实意义，既能反映事件，又能表现人物。

书系计划首批出版10种，分别是瑶族、壮族、回族、满族、畲族五大世居少数民族和佛教、道教、伊斯兰教、天主教、基督教五大宗教，以后陆续延伸至自治县、民族乡、特色村寨及主要的寺观祠堂，乃至文化、人物等专题。冀政府部门、出版机构、专家学者、民族同胞、宗教人士等各方通力合作，资源互通，假以时日，定成大观。

前言

壮族是中国少数民族中人口最多的民族，也是南岭山脉的原住民族之一。主要聚居的范围东起广东连山壮族瑶族自治县，西至云南文山壮族苗族自治州，北达贵州黔东南苗族侗族自治州从江县，南抵北部湾，居住地基本上连接成一片。壮族大部分聚居，也有相当一部分和汉、瑶、苗、侗、水、仫佬、毛南等族杂居。

据《中国2010年人口普查分民族人口资料》（下）第十卷《全国分县各民族人口》统计数据：居住在广东的壮族人口877 509人，包括世居壮族和非世居壮族；世居壮族48 072人，主要分布在连山、怀集、连州、连南县等4县市14个乡镇68个行政村。非世居壮族散居全省各地，以深圳市、佛山市、东莞市最为集中，分别有人口192 903人、132 263人、177 144人。连山壮族瑶族自治县壮族人口41246人，约占世居壮族人口总数的85.8%，是世居壮族的主要聚居地。连山壮族瑶族自治县的每一个乡镇，都有壮族分布，县境南面的小三江、福堂、上帅等乡镇

盛装歌唱的壮族妇女

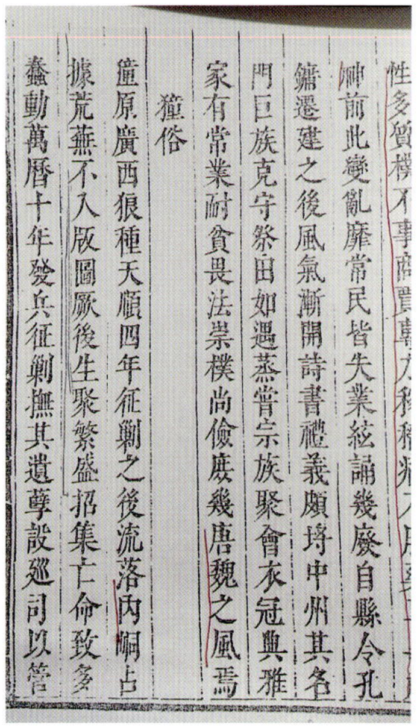

性多質樸不事商賈專力稼穡[illegible]
紳前此變亂靡常民皆失業絃誦幾廢自縣令孔
鏞遷建之後風氣漸開詩書禮義顛埒中州其名
門巨族克守祭田如遇蒸嘗宗族聚會衣冠典雅
家有常業耐貧畏法崇樸尚儉庶幾唐魏之風焉

獞俗

獞原廣西狼種天順四年征剿之後流落內峒占
據荒蕪不入版圖厥後生聚繁盛招集亡命致多
蠢動萬曆十年發兵征剿撫其遺孽設巡司以管

康熙三十二年（1693年）《连山县志》上对连山壮族的描写

《明史》中关于壮族的记载

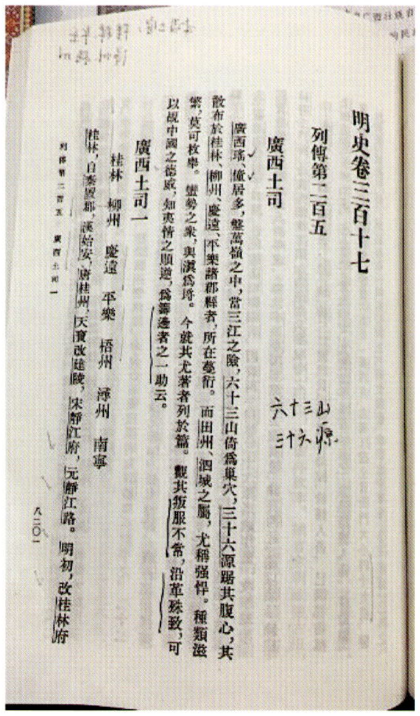

明史卷三百十七

列傳第二百五

廣西土司

廣西猺、獞居多，盤萬嶺之中，當三江之險，六十三山倚爲巢穴，三十六源踞其腹心，其散布於桂林、柳州、慶遠、平樂諸郡縣者，所在蔓衍。而田州、泗城之屬，尤稱強悍。種類滋繁，莫可枚舉。蠻勢之衆，與滇爲埒。今就其尤著者列於篇。覩其叛服不常，沿革殊致，可以觀中國之德威，知夷情之順逆，爲籌邊者之一助云。

廣西土司一

桂林　柳州　慶遠　平樂　梧州　潯州　南寧

桂林，自秦屬郡，漢始安，唐桂州，天寶改建陵，宋靜江府，元靜江路。明初，改桂林府

列傳第二百五　廣西土司一

八二〇一

相对其他几个乡镇壮族人口较为集中，是壮族的集中聚居区。这里的壮胞历史上被称为“峒民”，连山壮族瑶族自治县至今仍然流传着“宜善九村外七峒，九村开辟自明朝，一半壮民一半瑶”的俗谚。另外，与连山壮族瑶族自治县上帅乡毗邻的怀集县下帅壮族瑶族自治乡，也是壮族人口集中聚居的乡镇，有壮族人口4000多人。散居的壮族人口则分布在省内90多个市县，这些人大部分散居在珠江三角洲的各大城市，并以外出务工人员为主。另外，大部分非世居壮族人口来自广西壮族自治区西部欠发达的壮族聚居区。

壮族是一个历史悠久的民族。史籍所记载的“獠”人是壮族最直接的先民。“僮”（音zhuàng）作为这个民族的名称，它最早出现在宋人李曾伯在上宋理宗的奏议中，奏议曾提到宜山有“僮丁（zhuàng dīng）”。宋人朱辅在《溪蛮丛笑》中进一步指明南方“洞民”有五：“曰苗（miáo）、曰瑶（yáo）、曰嘹（liáo）、曰獞（zhuàng）、曰仡佬（qǐ lǎo）”。以后历代均多沿用“獞（僮）”名，到明代“獞”名引用逐渐增多，但往往与“瑶”并举。《明史·列传》提到“广西瑶、獞居多，盘万岭之中，当三江之险，六十三山倚为巢穴，三十六源踞其腹心，其散布于桂林、柳州、庆远、平乐诸郡县者，所在蔓衍”。到清代对“獞（僮）”名的引用已遍于岭南各地，1949年后改“獞”为“僮”，1965年又改“僮”为“壮”。

广东壮族大部分来自广西壮族自治区。最早到连山壮族瑶族自治县定居的壮族是永丰、福堂的陆姓祖先，据当地陆氏族谱记载：元至正二十八年（即明洪武元年，1368年）陆氏先祖从广西富川迁居而来。从明洪武年间至今，迁居在粤北山区的壮族和当地汉族、瑶族交错杂居，形成了“小聚居、大杂居”的局面。

广东壮族基本上以宗族姓氏为纽带，多采取宗族式的聚居方式，流行一个姓氏一个村寨，也有人口较少的姓氏以两三个姓氏为一个村寨的。

中华人民共和国成立前村寨内部多实行“村老制”的议事方式，并且部分保留着“里排众议”的原始民主议事方式。壮族家庭结构以父系小家庭制为主，儿子成家后即分家另住，幼子一般随父母居住。儿子享有财产继承权并承担父母的养老送

连山壮族瑶族自治县太保镇沙坪村委会欧家村梯田壮族村寨

终的义务，女儿无财产继承权也不需要承担赡养父母的义务。婚姻上施行一夫一妻制，严格遵守本民族同姓不通婚的原则；婚仪部分吸取了当地汉族婚仪的形式，有“订婚”“行聘”“迎娶”“回门”等环节，但仍保留本民族的元素，比如黑色嫁衣、新娘出门要撑伞等等；历史上极少与瑶族通婚，与汉族通婚则不受限制，中华人民共和国成立后才开始流行瑶壮通婚。

山林深处的壮家

20世纪70年代怀集县下帅壮族瑶族乡壮族背新娘

广东壮族牛王诞传统美食“五色饭”

饮食上广东壮族以大米为主食，菜肴融合了客家菜式特点和粤北山区汉族菜式特点，仍保留了本民族的众多传统习俗：爱吃酸菜，家家都有酸菜缸的传统习俗；喜欢吃酿菜，经常用生猪血配花生、香料等灌入猪肠，煮熟后切片待客；农历四月初八“牛王诞”有吃五色饭的习俗；糯米制品是节日和喜庆活动中不可缺少的应节食品等等。

日常服饰上明清时期女性穿反缚衫，男性穿右衽衫与对襟衫；男女皆穿牛头裤，与今日广西壮族一致。传统刺绣遗存极少，但很精致，如清末民初的勒额，运用受青花瓷影响而产生的“三蓝加金绣”手法，再现了自然万物的栩栩生机。中华人民共和国成立

禾洞镇身穿传统服饰的壮族姑娘

广东壮族传统服饰——反缚衫

20世纪70年代怀集县下帅壮族瑶族乡壮族日常服饰

后壮族服饰随着时代的变化有所变化，现在除了节庆场合穿本民族服装外，日常服饰与汉族已经没有什么差别。

习俗上广东壮族重视过春节，节日活动多种多样，最有特色的就是坐歌堂——村与村男女老少隔河对唱。对唱内容以知识歌为主，如猜谜、计算等，对唱场面热闹，往往人声鼎沸；活动时间长，常常通宵达旦。重大节日还有二月二、三月三、四月八、六月六、七月七、七月十四、八月十五、九月九、冬至等。

连山壮族瑶族自治县太保镇沙坪村委会欧家村三月三春耕节壮族坐歌堂

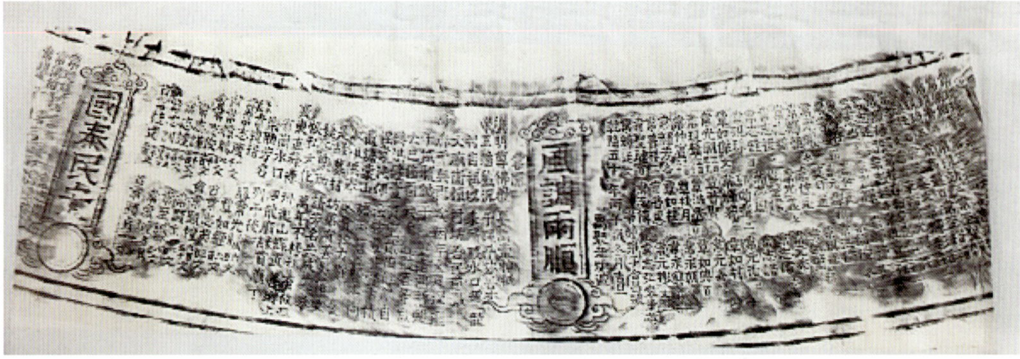

乾隆五十一年（1786年）连山壮族瑶族自治县小三江镇省峒水口廻龙庙洪钟铭文拓片

宗教信仰上广东壮族信仰多神，认为世间万物皆有神灵，自然崇拜情节浓郁。受汉族道教影响较深，壮族道教广为流布。

广东壮族师公祭神仪式

壮

第一章 追本溯源

一、渊源与迁徙

翻开中国地形图，可以看到在我国广东、广西、湖南、江西等省区交界处有一系列大致东北—西南走向的山岭和群山，其中以大庾岭、骑田岭、都庞岭、萌渚岭、越城岭最为有名，史称“南岭”。广东壮族地区地处南岭山脉南麓，广东省西北部，北接湖南江华，西连广西贺州，东连广东连南，是粤湘桂三省结合部，地理坐标介于东经111° 55′ ~112° 16′，北纬24° 10′ ~24° 52′ 之间。

有关广东壮族的记载最早见于宋代，1928年版《广东连山县志》记载陈宗谔《重建集灵庙记》：

> 昔在皇佑中，侬僚犯邑属，瘟淫蛊食，寖及于连。时太平日久，民不识金革，窜伏山谷，城郭萧然。神于是时炳灵助顺，散出阴兵布匝，城叠旗帜戈甲，当昼赫变，贼莫测其所……

引文中的“侬僚”即进犯连山的侬智高部属。可见，早在宋代，就有广西“僚”兵出现在连山，这便是广东最早的壮族。

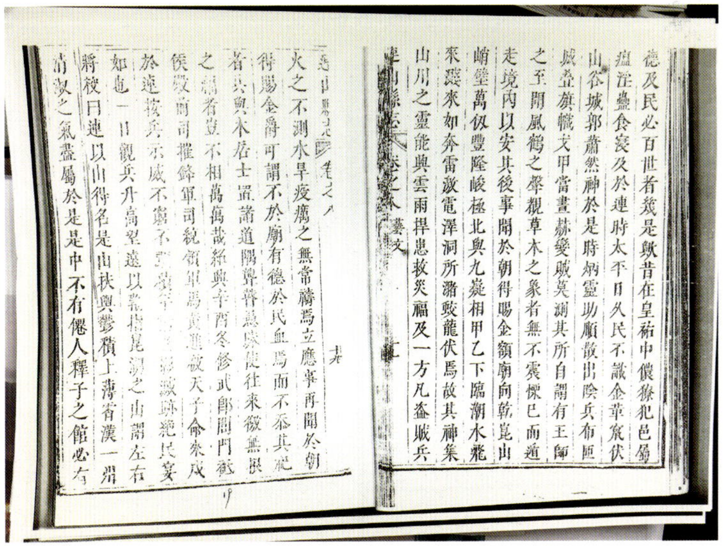
德及民必百世者幾是歟昔在皇祐中儂獠犯邑屬
瘟淫蠱食寖及於連時太平日久民不識金革竄伏
山谷城郭蕭然神於是時炳靈助順散出陰兵布匝
城叠旗幟戈甲當晝赫變賊莫測其所自謂有王師
之至聞風鶴之聲覩草木之象者無不震慄已而遁
走境內以安其後事聞於朝得賜金額廟向乾崑山
峭壁萬仞豐隆峻極北與九嶷相甲乙下臨潮水飛
來澱來如奔雷激電澤洞所瀦蛟龍伏焉故其神集
山川之靈能興雲雨捍患救災福及一方凡盜賊兵
連山縣志 卷之 藝文
火之不測水旱疫癘之無常禱焉立應享再聞於朝
得賜金爵可謂不於廟有德於民血焉而不忝其祀
者矣與本[illegible]士置諸道陽[illegible]往來[illegible]無[illegible]
之[illegible]者豈不相萬萬哉[illegible]辛酉冬修武郎閤門祗
候殿前司權鈐軍司統領[illegible]為貢進敘天子命來戍
於連按兵示威不[illegible]
如也一日觀兵升高望遠以[illegible]之山開左右
將校曰連以山得名是山扶輿鬱積上薄霄漢一州
清淑之氣盡屬於是是中不有偲人釋子之館必有

康熙三十二年（1693年）《连山县志》中《集灵庙碑记》对“侬僚”的记载

宋仁宗时，因侬智高作乱，粤西杀掠而来，是以吾先祖为避盗之计，遂奔走各处，后至明代正德时，郭显公自此而始来连。（见福堂镇彬雅村《莫氏宗谱·序》）

引文中的“郭显公”即福堂莫氏开基祖，莫氏是来连山定居的最早的壮族姓氏之一，如引文所述，莫氏是因为“为避盗之计”即避战乱，而逃至连山。

《历代绥瑶政策篇·上篇》记载：“洪武十五年，邑始有瑶寇……是时连山多故，内而流贼蓬兴，外而西獞入寇，排瑶犄角期间，互为声援。”

连山县城朝晖

引文中的“西獞”即最早因战争逃难至连山的壮族百姓，可见因避战乱而逃至连山的壮族百姓是广东壮族的来源之一。

另外，政府兵屯也是壮族迁居粤北山区的重要原因。据史料记载：明代曾将广西土司统治下的壮族人编为“俍兵”，亦称“狼兵”。因“俍兵”英武剽悍、骁勇善战，所以不断被派遣外调。其中有的调到浙江、福建沿海等处抵御倭寇；有的调到粤北山区屯荒戍守，镇压当地少数民族起义，起到“以夷制夷”的作用。清道光三年（1823年）《阳山县志》载：

> 獞居白芒、背坑等山，本广西兵，明天顺间奉调征剿，就此生聚俗类，宜善乡人皆散处谷，衣尚绒绣，亦无巾履，出入佩刀……

福堂镇《莫氏宗谱》封面

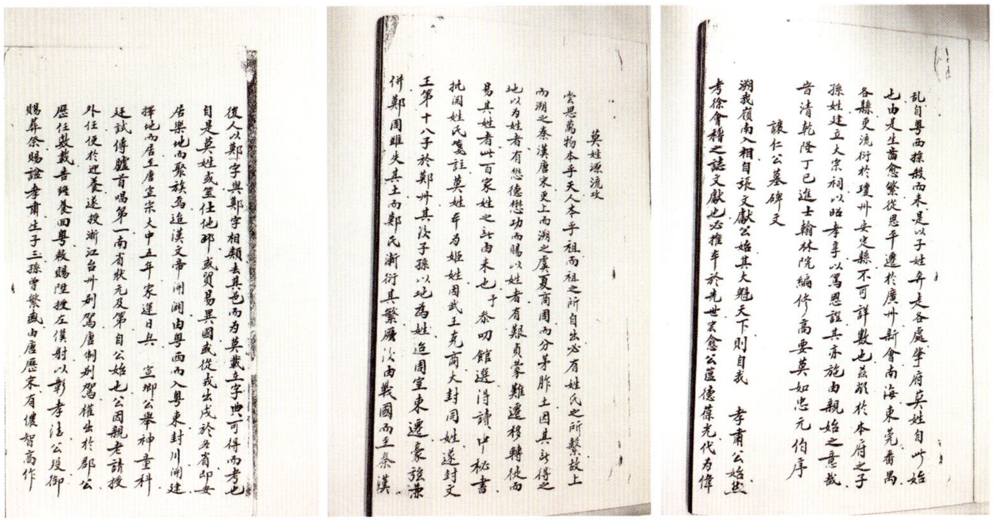

《莫氏宗谱序·莫如忠元伯序》

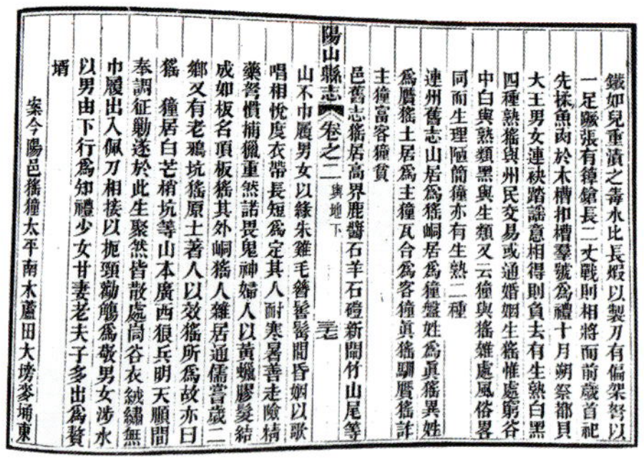
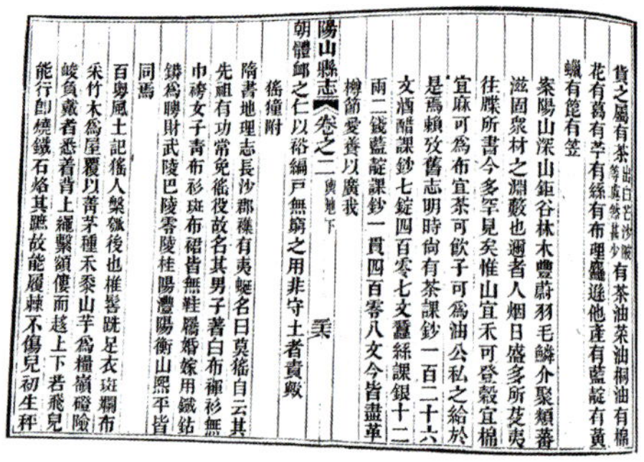
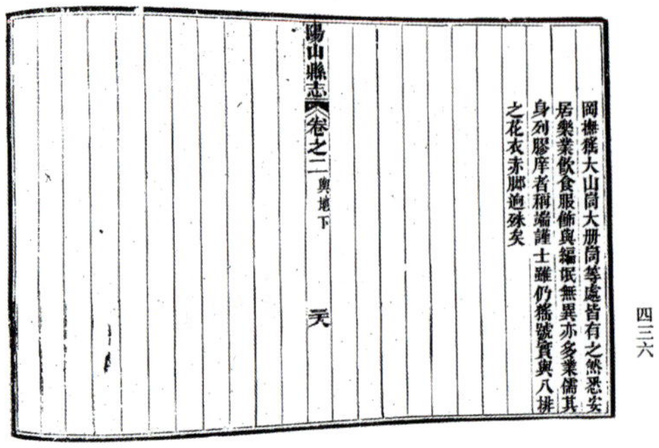

《广东历代方志集成·阳山县志》卷之二《舆地下》中关于广东壮族的记载

又顾炎武《天下郡国利病书》卷一五零载：

正德中（1506—1521年）流贼劫掠，调狼人征剿，乡民流徙，庐四荒芜，遂传狼（人）耕基地，一籍欺其输纳，一籍其戍守，苍（梧）、藤（县）、岑北（流）、陆（川）、兴（安）多土狼。

顾炎武《天下郡国利病书》卷一三零《广东七》载：

獞性质粗悍，露顶冼足，花衣短裙，鸟语夷面，自耕而食，又谓之山人。出湖南溪峒，后稍入广西古田等县，佃种荒田，聚众稍多，因逼胁田主，占据乡村，遂蔓延入广东。其初来尚以听招名色，佃田纳租，与瑶人种类不同，时相仇杀，有司及管田之家，颇赖其力以撼瑶人，及后势众，亦与瑶人无异。肇、高、廉三府，与雷州之遂溪县，广州之新会、四会，清远暨连州，在容有之。征之则罔功，招之则致悔，于今诚有可虑者矣。

《天下郡国利病书》中关于广东壮族的记载

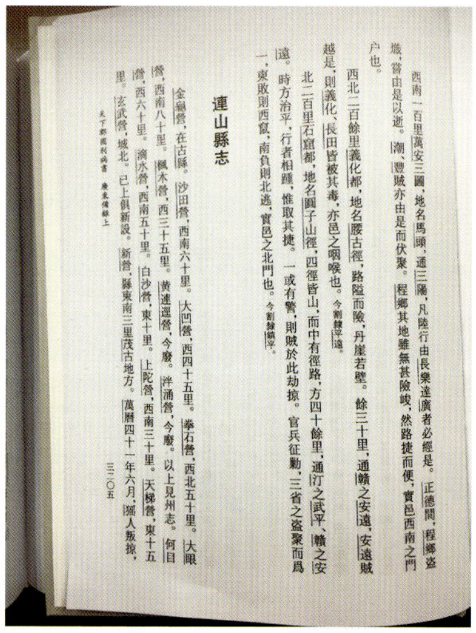
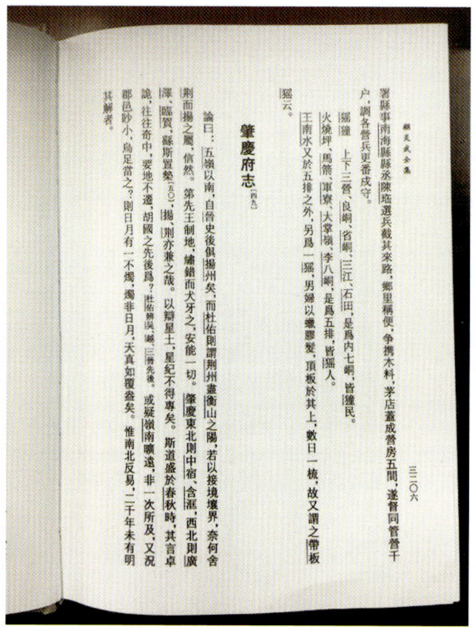

怀集县下帅壮族瑶族乡竹六村壮族《覃氏族谱》记载：

始祖覃庄公于明洪武二十八年在蓝洞落户发族，六世祖覃葛养分散到广西贺县大宁落户，生有九子一螟蛉，其中七世祖覃父庄（道名法缘）、覃父累、覃父占兄弟三人，于明正德二年二月十九日迁入下帅半堡，原为花兜山……落籍军营岭（现称土洞村屋后岭）。开旗征剿六年，于正德九年二月初十，共结兄弟十二人凑成银两三百二十四两，买得下帅半堡，从兄弟持三司执照落籍开垦下帅福村寨前后。覃父庄、覃父诵在车村开垦，覃父占、覃父累在少坪开垦。

除此之外，社会移民也是粤北壮族的主要来源之一。明洪武年间，为发展社会经济，朱元璋采纳郑州苏琦（《明太祖实录》卷五十），户部郎中刘九皋（《明史·食货志》），国子监宋纳等人的奏议，决定移民屯田。从收集来的族谱看，这个时候，大量的壮族人跟随移民大潮的脚步从广西来到了与之相邻的粤北山区。

连山壮族瑶族自治县福堂镇《陆氏族谱》记载：“迨至皇帝与明朝洪武皇帝交接之年，公自京都带兵一路恢复至广西省平乐府富川县古里坪坡驻扎，后瑶匪作乱，该村有土官韦直浪知公有兵，请公扶阵，杀服瑶匪，就在此处安身。后生六子，长父通，次父斗，三父锭，四父金，五兄弟缺戴（载）居止。尚有父站、父院兄弟二人到连山宜善籍居本村十甲住居，寨名曰陆屋，后至木联公迁居乌石寨居住，立壬山丙兼亥巳分针，已经历来数代族繁。”

怀集县《陆氏族谱》记载：“吾遂以自三水而至怀集，既迁居异省，列祖洪名，窃取成书。”

连山壮族瑶族自治县吉田镇太阳村《韦姓族谱·序》记载：“本始祖韦道清，系广西肇庆府南滩、庆远县民籍，自洪武初来连。”

连山壮族瑶族自治县福堂镇花罗寨韦子英《韦姓族谱》1928年抄本：“旧说公之父讳有忠公，广西省平乐府贺县白花村民籍。忠公金满、金城、金福兄弟三人，金城公徒居湖南岭东龙会寨有谱可考，金福公未知徙居何处，向疑徙居阳山吊尾村及间吊尾村，宗家皆云不知，无谱可考也。我金满公于大明天顺八年凭招主李公旺赍示给公来居此地名上下营寒充村，亦昔之程山县，即今之宜善司也。”

连山壮族瑶族自治县小三江镇大小锅村《韦氏族谱·序》记载：“溯吾韦姓，分由广西，自洪武年间，辅贤公之曾祖道名法戝，贤之曾祖母覃氏来住小锅。”

连山壮族瑶族自治县小三江镇省峒村月九寨《韦氏分支薄·序》记载：“始祖韦日

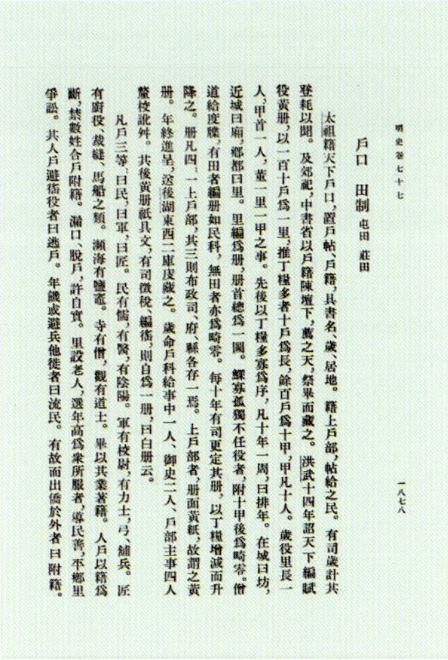
明史卷七十七

戶口 田制 屯田 莊田

太祖籍天下戶口，置戶帖、戶籍，具書名、歲、居地。籍上戶部，帖給之民。有司歲計其登耗以聞。及郊祀，中書省以戶籍陳壇下，薦之天，祭畢而藏之。洪武十四年詔天下編賦役黃册，以一百十戶爲一里，推丁糧多者十戶爲長，餘百戶爲十甲，甲凡十人。歲役里長一人，甲首一人，董一里一甲之事。先後以丁糧多寡爲序，凡十年一周，曰排年。在城曰坊，近城曰廂，鄉都曰里。里編爲册，册首總爲一圖。鰥寡孤獨不任役者，附十甲後爲畸零。僧道給度牒，有田者編册如民科，無田者亦爲畸零。每十年有司更定其册，以丁糧增減而升降之。册凡四：一上戶部，其三則布政司、府、縣各存一焉。上戶部者，册面黃紙，故謂之黃册。年終進呈，送後湖東西二庫庋藏之。歲命戶科給事中一人、御史二人、戶部主事四人釐校訛舛。其後黃册祗具文，有司徵稅、編徭，則自爲一册，曰白册云。

凡戶三等：曰民，曰軍，曰匠。民有儒，有醫，有陰陽。軍有校尉，有力士，弓、鋪兵。匠有廚役、裁縫、馬船之類。瀕海有鹽竈。寺有僧，觀有道士。畢以其業著籍。人戶以籍爲斷，禁數姓合戶附籍。漏口、脫戶，許自實。里設老人，選年高爲衆所服者，導民善，平鄉里爭訟。其人戶避徭役者曰逃戶。年饑或避兵他徙者曰流民。有故而出僑於外者曰附籍。

一八七八

《明史》中关于屯田的记载

福堂镇新风村贤洞寨韦泽源藏《韦氏族谱》

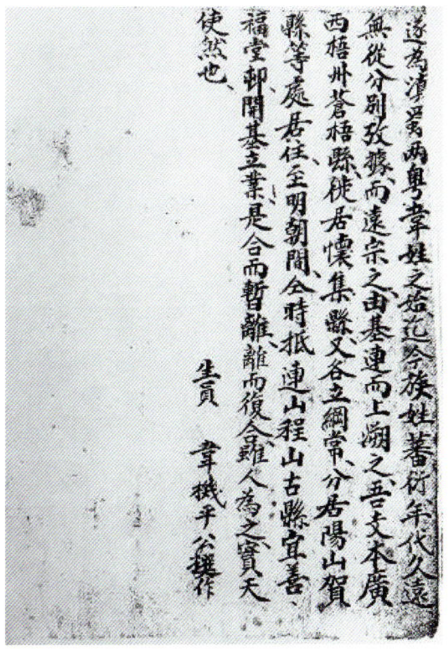
遂為滇蜀兩粵韋姓之始，迄今族姓蕃衍，年代久遠，無從分別致稽，而遠宗之由基連而上溯之，吾支本廣西梧州蒼梧縣，徙居懷集縣，又各立綱常，分居陽山、賀縣等處居住，至明朝間，今時抵連山程山古縣宜善、福堂鄉開基立業，是合而暫離，離而復合，雖人為之，實天使然也。

生員 韋蛾手公撰作

连山壮族瑶族自治县壮族女性传统银饰

宁公，字有缘，道名法印，于前明成化年间（1465年—1485年）寄迹于连山宜善、省村、月久寨，乐业营生乃来连。”

连山壮族瑶族自治县小三江镇省峒村月九寨门楼内碑刻：“溯我祖韦印、韦强、韦造，三公乃来连之始祖也。”

连山壮族瑶族自治县福堂镇圆珠村《覃氏族谱·序》记载：“我祖程学公传自广西融州、柳州而信都，落籍贺县，生葛养、葛保、葛护、葛明诸公。二世葛养公，系辅用公迺来连之始祖，学公之第七代孙也。……明至正德十六年辛巳（1521年）由贺来连，开辟宜乡。”

连山壮族瑶族自治县小三江镇大获村韦庆椿于1947年依旧簿抄录：“自洪武年间，贤公之曾祖，道名法职贤之曾祖母覃氏来住小获，生贤公之祖法聪，贤祖母亦覃氏，生贤公之父名接算娶妻谢氏姓生辅贤公。正德年间遇世离乱，贤公即失怙，谢氏避世出居怀集苏奉水口抚公（按：即辅贤公也），至于成立，由怀集而归，始居大获，故曰非始祖也，乃立家大获之始祖也。”

连山壮族瑶族自治县福堂镇湾岛《父主公碑序》记载：“吾支本广西梧州苍梧县，徙居怀集县又各立纲常，分居阳山、贺县等处居住。至明朝间，仝时抵连山程山古县宜善福堂邨开基立业。……太始祖父主公，历源广西大宁，分迁支广东宜善安居落籍，配妣韦氏，脉生二子，长振庆，次振万。主公迺其生平善行，德泽流芳，以及生、忌年月日载诸谱蝶。公因猎兽被瑶匪伤死，蚁虫自运土复骸。葬于健缘正顶之阳，亦数百年之久，开枝遗嗣数代。兹今合议妥，择吉重修，砌石竖碑，异日纪念骸茔，永垂不朽，孙枝永茂，瓜瓞绵长，永吉其昌，是以为序［中华民国30年（1941年）八月初九日酉时立］。”

乾隆丁巳年（1737年）进士翰林编修高要《莫如忠元伯序》记载：“追汉文帝开辟

由粤西而粤东，封川择地而后。至唐宣宗大中五年（851年）家运日兴，宣卿公举神童科廷试，传胪首唱第一，南省状元及第，自公始也。”

连山壮族瑶族自治县福堂镇莫氏迁居开建《莫氏族谱》记载：“……来基连山，始祖讳郭显公，系原籍唐状元，宣卿公后裔贵一公曾孙，明森公长孙，安卿公长子也。公自开建莫罗寨来基连山班雅营河东居住，厥后子孙繁衍，日以隆盛开巨族，公葬于连花提督岭之阳，配妣李氏生三子：长朝玉、次朝宽、三朝阳。”

连山壮族瑶族自治县太保镇上坪村《莫氏族谱·序》记载：“通德公来连始祖，道号辑义，原系肇庆府封川县古芬村文德乡第一啚，黄观斌管甲首。莫愈成情因与军工甚苦，于明朝永乐二十二年（1424年）公带家小来连山县，始居上合，继居安身峒，后居上坪。妣陈氏，生二子顺宗次顺毛，末来连山，带孙文远、文亮。”

连山壮族瑶族自治县小三江镇大寨村梁立连收藏《道光八年（1828年）二月二十日文》，族人照旧簿誊录：“嗣后移广西之省梧州府居乎藤县之地，此时也误愈大而世愈远，生愈众而齿愈繁。再者移乎怀邑之地立于梁村之乡，夫非既庶之且繁也。何以号为梁村哉，况不但乎庶也，更观书业无荒，青矜不替，复思四世之祖讳显庆祖公自下沙军屯而移牛迳，又迁水迳，从此而尔迁连邑耕乎石田之村。鉴乎宜善之井，虽无天荒之僻，亦有发族之丁，仰四世之祖妣而葬于水迳。”

广西岑溪水汶镇大南村公堂贤氏祠堂

2001年6月出版的《胡氏族谱》记载：“太祖胡宗泰公，原住属广西梧州府诸士巷，因被逃军负累，搬移平乐府贺县土名谷石寨居住，又因范屯二家作反，太祖又搬移宜善乡古县坪居住数年。不料，天顺年间又因唐宗祥作反，攻破县城。幸得孔镛太爷救太祖家口与乡民一百余命。于是太祖胡养公同弟祖带男胡志容、志奕、志荣跟随知县孔镛大老爷奔命，走出小水坪，暂立县场。太祖父子排役与排年，高太祖承佃归山洞，立寨数载，见得田地狭窄，山场浅少难安排。”

《贤氏族谱》记载：“太祖讳十二公老府君生于明永乐元年（1403年）癸未岁，民籍为广西太平府崇化县宣化乡福都里第十三都下郭洞平村邹家社。公乃府衙官，年三十六时，大明正统三年戊

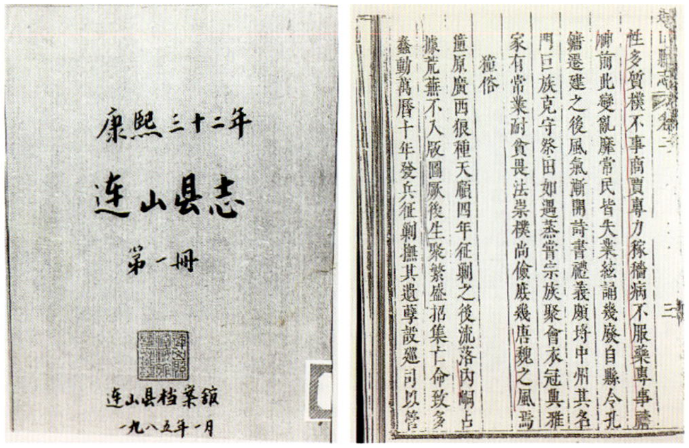
康熙三十二年
连山县志
第一册
连山县档案馆
一九八五年一月

連山縣志 卷之二 三

性多質樸不事商賈專力稼穡病不服藥專事禱
神笥此變亂靡常民皆失業絃誦幾廢自縣令孔
鏞遷建之後風氣漸開詩書禮義頗埒中州其名
門巨族克守祭田如遇蒸嘗宗族聚會衣冠典雅
家有常業耐貧畏法崇樸尚儉庶幾唐魏之風焉
獞俗
獞原廣西狼種天順四年征剿之後流落內峒占
據荒蕪不入版圖厥後生聚繁盛招集亡命致多
蠢動萬曆十年發兵征剿撫其遺孽設巡司以管

康熙三十二年（1693年）《连山县志》有关壮族的记载

午岁（1438年）十月初十日，奉上选到广西平乐府永安州（今蒙山县）治理罗家山之北流洞水利。公以身殉职，众具表奏准，敕封太平巡府贤十二官人，御建庙衙，供众祭祀。公配妣欧六少娘蒙恩敕封大仙金殿镇国太夫人。欧氏脉生一子，名发育。发育公配妣文氏，脉生五子，名扶榕、桑、楦、樟、棋。基连（山）始祖讳扶樟公，于弘治之年基开广东连山县宜善司枫村西山贤屋……”

从上面所引资料来看，连山移民主要因避战祸举家迁徙，从广西来到四面环山的粤北山区，康熙三十二年（1693年）《连山县志》：“獞原广西狼种，天顺四年征剿之后流落内峒……”据当地族谱记载，到连山定居最早的壮族是永丰、福堂的陆姓祖先，于元至正二十八年（1368年）从广西富川迁居至此。这些主要姓氏皆来自桂北柳州一带，庆远、南滩（广西南丹）较为集中，移居连山所经途径为：广西庆远（今河池宜州区庆远镇）、南丹、融州（今融县）、柳州——贺县（今贺州八步）、信都（今贺州八步区信都镇）、连山。

马坝人石像

一直在粤北山区生息的古百越族的遗裔——粤北土著，构成了粤北壮族的主体部分。从20世纪80年代连山几次大的考古挖掘发现的新石器时期文物的种类和数量就可得知，在一二十万年前，著名的马坝人就已经活跃在粤北这片土地上了。在距今一万年前后，粤北土著进入新石器时代。随着中国历史上的第一个王朝——夏王朝的建立，华夏文明正式拉开序幕，粤北土著也开始载入史册，这便是大家熟悉的“百越”。据记载：最先居住在广东的土著为远古的“旧越人”，近代学者徐松石氏定为南支汉族——即姜汉族，此后便与历代由中原南迁之姬汉族人同化齐民，且混合血统。而成为现代大部分之广东大汉族，至今在言语、地名、风俗上仍有种种遗迹，可以溯本追源。

二、烽火与抗争

几千年来，居住在粤北山区的土著融合了各个时期的战争流徙、军事屯兵以及各种原因导致的社会移民，形成了今天的广东壮族。他们在这片土地上栖息、耕作，为粤北山区社会的发展、经济的开发以及社会文化的进步挥洒汗水。同时，为了争取到本民族的发展、自由，他们也不惜放下锄头、镰刀，举起武器，跟当局抗争。

（一）明代的反抗与斗争

明代，中央王朝的势力进一步渗入到南岭走廊南麓的广大民族地区。但是由于统治阶级对少数民族政策长期摇摆，时剿时抚，南岭走廊各民族起义风起云涌。历史上著名的广西大藤峡起义、府江起义、广东罗定地区瑶族人民起义都波及粤北山区。长期以来，粤北山区的壮族老百姓不但要承受瑶族变乱带来的痛苦，还需要承担封建统治阶级无休止的盘剥和压迫，为改变本民族受压迫受剥削的处境，壮族人民进行了不屈的斗争。明代邝露在《赤雅》中说："俍兵鸷悍，天下称最。"清代陆次云《峒溪纤志记载》："俍人多在南丹三州，鸷悍天下称最，用兵能以少击多，军令最严，故能胜敌。"《说蛮》卷二十四记载："俍人，俗同瑶，以语言相别，其兵最劲。"

明正统至正德年间（1436年—1521年），由于吏治腐败，官府一再加重赋税，匪患丛生，农民起义层出不穷，粤北山区也爆发了多次壮族人民起义。

景泰年间（1450年—1457年），"獞瑶韦广通等一百二十余户倡乱于大东山上下坪等处，贼势蔓延"[①]。

天顺二年（1458年），谭公经领导壮族人民起义。起义军一度攻占县治程山（按：今永丰"司城"）。至天顺四年（1460年），起义军又攻陷开建、封川[②]、梧州等地。为平定祸乱，明朝统治者发动湖广、贵州几省的兵力联合镇压，但并未取得预期效果。天顺六

① （民国）凌锡华主修：《广东连山县志》，《排瑶篇·历代绥瑶政策上篇》，广州惠福东路天成印务局印，1928年。

② 开建、封川二县于1961年4月合并为今肇庆市封开县。

天下雄关——一脚踏三省的鹿鸣关

年（1462年）七月，广东布政使张瑄只好以“余孽未靖”[1]为由，力奏朝廷搬迁县治于象山前小水坪（按：今太保旧城）。由此，连山县内形成了两个县治，一个是壮族起义军控制的原县治程山，一个是明代统治阶级新建的县城象山，双方形成对峙局面。由起义军占据的连山县城程山，位于今连山中部的福堂镇，明代统治者天顺元年（1456年）新筑的县城在象山前，位于今连山东北隅的太保镇，出鹿鸣关即可至小三江及连州城。从连山地形图上看，二城相隔约一百华里，中间隔有天堂岭、鹿鸣关以及摩天岭等险阻。象山新城僻处连山东北一角，倚靠连州做后盾，扼鹿鸣关之险冲，易守难攻。程山乃是当时连山政治经济文化中心，这说明统治阶级的武装力量当时实际上已经退出连山，只是把象山新城作为连州的屏障，防止壮族势力进一步向连州扩展而已，而起义军控制了程山就相当于控制了

① （民国）凌锡华主修：《广东连山县志》，《排瑶篇·历代绥瑶政策上篇》，广州惠福东路天成印务局印，1928年。

大部分连山，连山实际是控制在壮族手里。从这时起，粤北壮区（按：包括邻近的乡村）自主长达一百二十五年（1458年—1583年）。

弘治十七年（1504年），“獞匪梁荀龙劫县城”[①]，此处“县城”指象山新城。两年后，明朝派两广军务兼巡抚熊绣发兵征伐，“梁荀龙败遁入内峒，负隅自固”[②]。次年（1505年），明武宗正德元年，朝廷兴兵攻打壮族首领梁荀龙。1928年版《广东连山县志》卷一《年撰》上说：“大兵讨连山獞匪梁荀龙，平之。獞民悉降。”基本结束了两个县治的局面。但《历代绥瑶政策上篇》却说：“正德元年（1505年），官兵征连山古县獞，獞败遁入内峒，负隅自固。”

太阳村《韦氏族谱》就此事有一段具体记载，内容摘录如下：

> 弘治十五年（1502年），壮族与永福乡三十三户排瑶（按：瑶族地主武装）虞凤昇等争占程山田地。弘治十七年（1504年），连山典史何宗（晋江人）到任，说壮族叛乱，报告抚督两院，委黄招二产收，并告知府（按：指广州知府）督兵，于正德二年（1507年）正月廿九日，征剿上下营及小三江、石田、马鹿、良峒、梅峒各村（按：上述地名至今仍为壮族聚居区），妻离子散者有之。后蒙土官抚恤，具呈求给耕牛谷种，落生不科。

族谱所述，与《历代绥瑶政策上篇》之记载符合。说明县志上所述“悉降”与事实不合。族谱还说：

> 是年，掳掠上下营，獞族集众杀退，追至天子岭而回。正德三年（1508年），排年、罗清、张隆等贿赂典史何宗，复以旧兴爨诬详。军□□□兵，于是年六月十三，兵到。莫父亮等屈抑难伸，奔死集众拒

鹿鸣关坦然亭

① （民国）凌锡华主修：《广东连山县志》，《排瑶篇·历代绥瑶政策上篇》，广州惠福东路天成印务局印，1928年。

② （民国）凌锡华主修：《广东连山县志》，《排瑶篇·历代绥瑶政策上篇》，广州惠福东路天成印务局印，1928年。

a | b | c

a. 1992年在吉田镇天峰山出土的战国带铭文的青铜斧，现藏于连山民族博物馆

b. 1985年在永和镇出土的战国青铜矛，现藏于连山民族博物馆

c. 1985年在吉田镇旺南村出土的战国青铜矛，现藏于连山壮族瑶族自治县民族博物馆

> 敌，兵始退。
>
> 正德四年（1509年），贺县（按：今广西贺州市八步区，与连山比邻），县丞毛溪申详抚督两院，委全部党领兵于正德五年（1510年）十二月卅日与永福乡排年、罗清、张隆、黎隆等。叛党又侵我上下营，相距至六年（1511年）四月廿七日始遁。

梁荀龙起义失败后，上下营韦氏一支仍坚持斗争了六年之久。另外，部分壮族迁居到怀集的冷坑、水口、廻龙一带。

正德二年（1507年），连山黄南瑶联合广西贺县（今贺州八步）壮民覃父敬等举事。正德五年（1510年），总兵官安远侯、柳文会，都御史林廷选等出兵征讨。最终官军“攻破岩洞、巢穴二百七所，擒斩四千四百七十余人，俘获千二百三十余人”[①]。

> （正德）十二年（1517年）秋八月，峒贼龚福全等，流劫连州、连山、乐昌及郴桂诸处，据险负固，杀官劫县。巡抚都御史陈金与巡检三

连山地区传世清朝兵器——七星关刀，现藏于连山壮族瑶族自治县博物馆

① （清）张廷玉主修：《明史·卷二二二》《凌云翼传》，北京：中华书局，1739年刊行，第5861页。

司会奏，命两广汉达官军进剿，斩四千余级，余党遁归诸寨。[①]

正德十六年（1521年）夏六月，连山贼首吴万山抄掠乡村，兵备副使王大用调剿，大捷，贼党遁归于峒。[②]

嘉靖时期，“将疲于边，贼诬于内”，“良民无聊，甘于从盗”[③]。“嘉靖三年（1524年）春三月，连山贼首苏政、苏晚等掠三省，知州徐相抚剿乃散。”[④]

为了防范和镇压壮族人民起义，明廷最初是调派官军镇压，但效果不大，如上文所述天顺二年（1458年）谭经公起义和弘治十七年（1504年）壮民梁苟龙起义，统治者都付出了沉重的代价但并未收到预期的效果。后来统治者觉得调兵岭南劳师动众，于战不利，便开始在壮族聚居地任用土官来治理地方，这便是历史上著名的“土官制”。

a／b

a．清兵帽，现藏于连山壮族瑶族自治县县民族博物馆

b．太平军古战场遗址之古炮场

（二）清末民初当地壮民的抗争

清代，粤北壮族地区经历了明末清初的多次战乱，动乱不止，民不聊生，社会危机依然严重，阶级矛盾更加激烈。这些都激起了壮族人民更为强烈的反抗。1857年，木匠陈金缸[⑤]率众乡民响应太平天国起义，十一月攻占怀集，建立“大洪国”。这支起义军在粤北山区转战游击长达三年，沉重打击了当时的统治者和当地权贵、地主势力。这段历史在连山壮族瑶族自治县小三江镇田心村委会马头山仍留有石刻记载。这段石刻在海

---

① （清）李来章著、黄志辉校注：《连阳八排风土记》卷五《抚剿·都御史陈金剿壮》，中山大学出版社，1990年12月。

② （清）李来章著、黄志辉校注：《连阳八排风土记》卷五《抚剿·副使王大用剿壮》，中山大学出版社，1990年12月版。

③ （清）李来章著、黄志辉校注：《连阳八排风土记》卷五《抚剿·都御史张岳遣官剿瑶》，中山大学出版社，1990年12月版。

④ （清）李来章著、黄志辉校注：《连阳八排风土记》卷五《抚剿·知州徐相抚壮》，中山大学出版社，1990年12月版。

⑤ 陈金缸：三水县清湖村人，1854年6月26日在范湖圩长湖㘵率众誓师起义，当天攻占芦苞。1857年11月攻占怀集县，建立“大洪国”，称“南兴王”。

拔500多米半山腰上，石刻全文200多字，约3平方米，以正楷书每字刻约5厘米大小格式雕刻，碑刻全文：

盖马头一山，嶙峋四壁，突兀千寻，从来避乱之胜地也。昔明末瑶寇作乱，村民避难在此。及我朝康熙二十四年，陈凤等作乱，村民亦避在此。旧址犹存。至咸丰四年，盗风四起，父老谋曰：此山实侬等托命之所，即筑城室，不下千余家，逐居焉。至八年戊午冬十月十二，陈三入寇，焚掠二村两月，幸此山地利人和，累战累胜，贼败宵遁，至九年四月二十七陈金缸入寇，村民亦在此保全。冬十月十三，北寇翟火姑等统兵数万焚掠，两村子弟日夜下山打仗获胜，追杀贼人千余，抢夺骡马金宝无数，十一月十三，流寇至马鹿村，众人又避诸此焉，第治乱无常，后之遇变，避此者万无一失。谨志。大清咸丰十一年岁次辛酉二月谷旦立。

马头山摩崖石刻

a | b

a．马头山摩崖石刻全貌

b．马头山寨堡遗址（此遗址位于广东省清远市连山壮族瑶族自治县小三江镇田心村委会马头山上，因山形如马头得名，这里山势险峭雄伟，顶部平坦，略呈凹形，山上有清泉，可居住1000多户，因此为历代百姓避乱之所，从现场马头山寨尚存的残壁断垣来看，遗址面积有1000多平方米，夯土木瓦结构。花岗岩石台基，墙体全部为夯土砌筑。半山腰处有一处摩崖石刻。该遗址于1990年列为县级文物保护单位）

国民党统治时期，壮族人民受到更加残酷的剥削压迫。国民党对少数民族实行民族同化政策，把少数民族看成是汉族的大小宗支，对各族人民大肆搜刮，苛捐杂税多如牛毛，如人头税、自卫捐、户口税、门派税、保甲长办公费等，不胜枚举。同时，乡长、保长、甲长，大都是壮族内部的地主、恶霸等剥削阶级，他们握有地方上的政治经济大权，借政治势力敲诈勒索，贪污中饱，无恶不作。正如当时传唱一时的民歌所言：

豆腐烂了架子好，愁闷无人知我忧，冇人知得弟忧心，冇得钱银宽宽使，

a | b

a. 鹰阳关之“岳飞饮马处”
b. 鹰阳关之“红七军路过此关”

求借无人相信弟，有条钱路入郎身，田堂屋儿虽是有，焚纸押在别人手，加一利息亏弟当，利久冇清纸当断，怎得银钱赎得转，怎得算清债务单，百样千般抵当尽，快乐逍遥有弟分，心想耕田兼种地，冇得本钱难置手，十月有条禾稻收，禾稻有条田冇块，禾稻有条到钱大，妈妈啊，耕山渡活几凄凉？[①]

（三）当地壮民为争取解放而抗争

为了争取本民族的解放和自由，当地不少壮族男儿踊跃加入了中国共产党，配合红军在粤北山区积极开展地下活动。

1931年1月中旬红七军在广西桂岭（今贺州八步区桂岭镇），将原来的十九师、二十师缩编为五十五团和五十八团之后，经鹰扬关进入广东小北江的连山县境内，开始了历时二十多天，行程近千里的粤北转战。红七军在转战粤北的过程中，先后经过连山、连县（今连州）、阳山、乳源、乐昌、仁化六个县，并计划在粤北建立革命根据地，与中央苏区连成一片。但由于远离中央苏区，孤军深入，缺少外援等原因而未能实现，反而遭敌人的连续攻击，发生了攻连州、战梅花、过武江的激烈战斗。1月20日至26日，红七军围攻

① 当时下帅社会诉苦歌。

连州城，四方筹款和筹物资，解决了部队的给养问题。2月3日红七军在乳源梅花（按：现属乐昌），与粤敌邓辉团和湘敌唐伯寅团、陈龙团展开激烈战斗，敌我双方损失惨重，红七军主动撤出战斗。5日、9日，红七军兵分两路在乐昌先后渡过武江河，渡河时由于敌人的阻击被分割为两部，主力到了中央苏区。[①]

土地革命战争时期，在敌人统治力量比较薄弱，党的群众基础比较好的粤湘边界的乐昌、宜章等地，建立了一支红军赤色游击队。这支游击队在湘南驻粤工作委员会（按：后改称过湘粤边工作委员会和湘南特委）的直接领导下建立了以乐昌黄圃塘村一带为中心的游击根据地，并不断发展壮大，从1929年初的二十余人发展到最高峰时的两百余人。这支游击队还与前来粤湘边区开辟根据地衡湘赣苏区红军独立第四团合编在一起，先后以游击方式转战于乐昌、宜章、乳源、连县、阳山、临武、蓝山等地区，打击敌人、消灭敌人，震慑了粤湘边各地的反动统治。[②]

1937年，国共两党二次携手合作，共同抗击日本帝国主义侵略者，中华大地处处燃烧起抗日烈火。当年正月十五元宵节，下帅乡的壮、瑶、汉三族人民，趁一年一度在圩镇关帝庙欢度元宵佳节的庙会之机，面对当时战局，出了一副对联："古时今时，时早时迟，善恶到头终有报；帝国民国，国强国弱，兴衰结局自然知。"表达了当地群众对国共合作的期盼以及期望抗日的愿望。

1938年10月，在中共广东省委的领导下，成立中共连阳特支。1939年夏，成立了中共连（县）连（山）阳（山）乳（乳源）四属工委。[③]

鹰扬关之红军战士浮雕墙

中共连阳特支旧址、地下党员邓如禄祖屋

① 中共韶关市委党史办公室编：《工农红军在粤北——纪念红军长征胜利五十周年》，1986年10月，第4-5页。
② 中共韶关市委党史办公室编：《工农红军在粤北——纪念红军长征胜利五十周年》，1986年10月，第9页。
③ 中共韶关市委党史办公室编：《工农红军在粤北——纪念红军长征胜利五十周年》，1986年10月，第11页。

1940年，小三江省洞月九村壮族人民展开了“抗征兵”斗争。这一年，省洞人在水口祠建醮还愿，举行祭神活动。国民党小三江区区长梁励才企图借此机会捕捉抗征兵首领韦协音，亲自带领区分队二十多人深夜包围了月九村，月九村壮民派韦家甫前往三江洞、上下马鹿各村告急求援。次日，区长梁励才又电告县衙调福堂区分队约一个排来到月九村，把月九村围得水泄不通。是夜，敌我双方发生一场激战，国民党军死的死，逃的逃，区长梁励才被击毙，其区员兼秘书邱玉华开枪自杀。被激怒的壮民冲向区公所，将财物抢空，把档案文书全部烧毁，放出被关押的乡亲。接着，又前往石田区长江村烧掉了梁励才的房屋。第二年春，县政府派出县大队围剿月九村，逮捕了抗征兵的十多个领头者并在小三江墟将他们全部杀害。

1944年农历八月，县长张益民借抗日之机，利用征兵巧立名目，大刮民财，此即“新中华”事件。时任下帅乡乡长陈先辉，积极执行县长的指令，引起族人的不满。寨上一些受害者，于农历八月十五夜，将陈先辉的鱼塘放干，捉了塘鱼煮吃后，并要一齐到他家论理。陈先辉闻风逃到国民党县政府求救。农历九月初七，国民党地方军事组织100多人从石排、对面岭两路包抄袭击陈寨。族人四处逃难，虽有寨中一些勇士组织起来抵抗敌人，但寡不敌众。国民党兵占据陈寨多日，财物、牲畜被掳掠一空，族人损失惨重。

1944年农历九月，永丰、福堂、小三江、加田、上帅等地壮民在李信之、谢毓山、莫机平领导下，发动了“反蒋抗征”的暴动。农历九月十七日，暴动群众在加田担扦庙誓师，成立“新中华民团司令部”。他们开仓放粮，购买枪支弹药，很快占领了小三江、福堂区公所，击毙了小三江乡队副。暴动队伍高呼“打倒张益民（按：当时连山县县长），迎接新中华”，直奔县城太保，在太保虎叉塘一带遭国民党县军警伏击溃败。

1944年年底，小三江壮族群众又开展了“三抗”（按：抗征兵，抗征粮、抗征税）活动，狠狠打击国民党的反动统治。

1949年，中国人民解放军以摧枯拉朽之势横扫国民党反动派的残余，南方的革命形势喜人。

1949年12月，广西贺县中共地下党员何畏、吴望鸿及潘庆林同志怀着对党无限忠诚的信念，以大无畏的革命精神，置个人生死于度外，敢于斗争，成功策反国民党连山县当

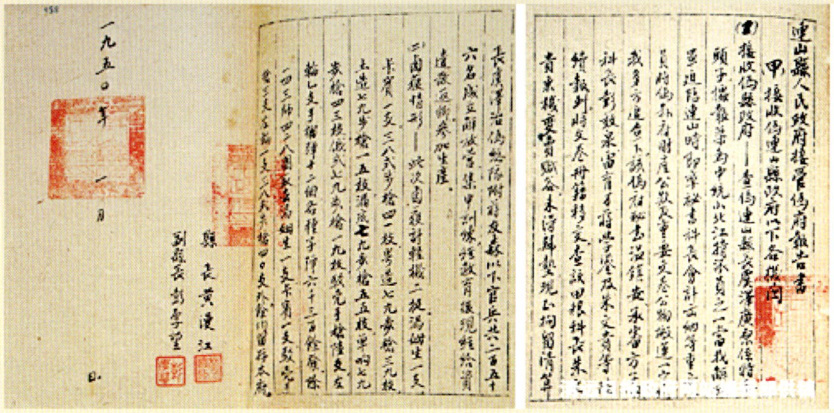

連山縣人民政府接管偽府報告書

甲、接收偽連山縣政府以下各機關

（一）接收偽縣政府

a
b

a. 图为连山和平解放作出重大贡献的贺州中共地下党员何畏（左）、吴望鸿（中）和潘庆林（右）〔摄于1985年〕。

b.《连山县人民政府接管伪府报告书》（局部）

局向人民投降，促使连山和平解放。使连山四万壮瑶汉同胞免遭生灵涂炭，为连山的解放事业作出了历史性的重大贡献。

在反帝反封建的革命斗争中，汉族和壮族劳动人民在中国共产党的领导下，和敌人展开了艰苦的武装斗争，创造了许多可歌可泣的英雄事迹，在民族史上写下了光辉的一页。

第二章 田耕南岭

一、耕种与稻作

粤北壮族种植水稻历史悠久。

周昭文在《纵观连山出土文物探索古代壮族先民聚落情况》[①]中提到：吉田的龟背山、永和的大寨岭是新石器晚期山岗遗址分布较多的地方，特别是吉田上吉水南岸的山岗台地。这些山岗遗址依次排列在今连山壮族瑶族自治县城南面的新古背山、覆岭、高楼山、阳禾山、龟背山、平头岭等十余座山岗上，彼此相距不远，总面积达十多

广东壮族春耕图

① 周昭文：《纵观连山出土文物探索古代壮族先民聚落情况》，《连山文史——文博专辑》第十七辑，广东省连山壮族瑶族自治县学习和文史资料委员会、民族博物馆编，2002年9月。

吉田镇龟背山遗址

平头岭遗址

连山壮族瑶族自治县出土的新石器时代的石镞

平方公里。通过考古专家挖掘发现：山岗顶部都有被先民平整作为定居点的痕迹。

考古专家们在上述遗址上收集到为数不少的农业生产工具，诸如：石锛、石凿、石刀、石镞、石饼、石碾轮、砺石以及加工石环用的石料等。其中石锛器物多为小件，有段石锛是旧石器时代产物，石质为石灰岩，器物稍有磨制，但器身打击点仍清晰可辨，显然是先民从石灰岩地区带至连山。以石镞为例，则收集有棱形圆柱状、柳叶形、扁平形三种。连山壮族瑶族自治县民族博物馆收集的石饼也很独特，大、中、小型都有，其状类似月饼，材质皆用硬石磨制而成，此外砺石的品种也很多。

苏秉琦先生在《石峡文化初论》一文中指出：“以石峡（今韶关曲江区马坝镇西南）为中心，结合其他有关资料对广东新石器时代到青铜时代进行初步探索的结果，说明了它在漫长的时期中，社会发展的规律性与阶段性，有其自身的特点，也可以看出它与我国其他诸文化发达地区之间有着紧密的联系。”苏先生的论述被粤北壮族地区文物考古的实物史料所证实：“石峡”虽是马坝人故乡，但我们将连山壮族瑶族自治县出土的器物与石峡遗址出土的新石器代表性器物相比就能发现它们是极为相似的。我们由此可以推论，随着时间的推移，粤北山区从旧石器时代的洞穴遗址过渡到新石器晚期的“石峡遗址”，它在漫长的历史发展过程中，随着人口的增加、生产生活发展的需要，壮族先民必然开发出新的类似马坝石峡一带的农耕文明，寻找新的生活生产方式。而地理考古学家也证明连山壮族瑶族自治县地域确实是“石峡文化”的直接影响和辐射的范围，况且连山壮族瑶族自治县优越的自然环境非常适合原始部族狩猎和发展农业生产。

我们再来考察连山壮族瑶族自治县新石器晚期山岗遗址的地理位置，可知先民的主要生活来源，是以狩猎和农耕种植所得为主的。至于这里的原始农业，究竟种些什么呢？考古学家们对探方47层出土的谷粒进行鉴定发现其属于粳糯稻种的可能性很高。至今连山壮族瑶族自治县的梅洞、小田冲、茶联、联红等村庄的壮、瑶族同胞仍然有坚持种植山地粳稻糯（按：连山俗称地禾糯）的习惯。

a | b
c | d

a. 太保镇欧家村春耕
b. 太保镇欧家村丰收
c. 与杉树间作的地禾糯
d. 丰收的地禾糯

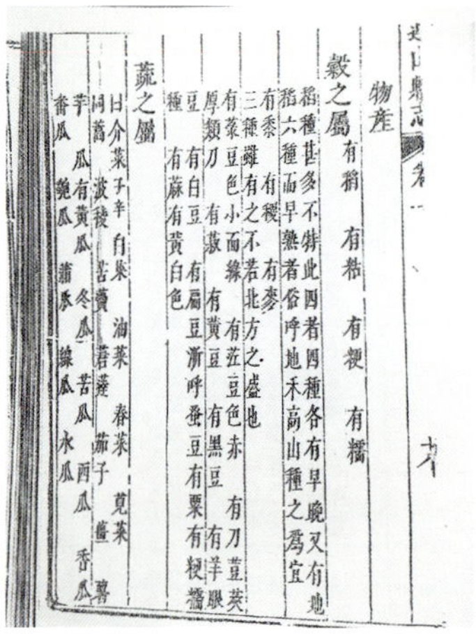
物產
穀之屬 有稻 有秥 有粳 有糯
稻種甚多不特此四者四種各有早晚又有地
稻六種而早熟者俗呼地禾高山種之為宜
有黍 有稷 有麥
三種雖有之不若北方之盛也
有菉豆色小而綠 有荳豆色赤 有刀荳莢
厚類刀 有薏 有黃豆 有黑豆 有羊眼
豆 有白豆 有扁豆 浙呼蚕豆 有粟 有稷醬
種 有蔴 有黄白色
蔬之屬
曰介菜子辛 白菜 油菜 春菜 莧菜
同蒿 菠稜 苦蕒 莙薘 茄子 韭 碧
芋 瓜有黃瓜 冬瓜 苦瓜 西瓜 香瓜
番瓜 匏瓜 蒲瓜 絲瓜 水瓜

清康熙三十二年（1693年）《连山县志》关于连山稻种种类的记载

从上文山岗遗址的选点和探方47层出土的谷种我们可以大胆猜测：山岗遗址乃前人留下的层层台地和梯田，也就是古代先民开发原始农业的基地，连山壮族瑶族自治县的原始农业作物正是从旱粮作物开始的。

到了明朝，连山壮族瑶族自治县水稻种植获得了空前的普及，以稻子作为田赋已经是常态。清康熙三十二年（1693年）《连山县志》记载：“明洪武二十四年，田地塘一百零二顷八十二亩二分夏税五石一升秋粮三百零八石二斗八升三合。”水稻品种也得到了空前的发展，清康熙三十二年（1693年）《连山县志·物产》记载：“物之属有稻、有粘、有粳、有糯，稻种甚多，不特此四者，四种各有早晚，又有地稻六种，而早熟者呼地禾，高山种之为宜。”除此之外，连山壮族瑶族自治县境内稻质优良，很早就驰名海内。1928年版《广东连山县志》卷八载：“连山处重岗叠献中，山脉枯涩，舟车不通，农业商务两无可言，然而香粳大糯名驰上国”“连山的香粳在民国4年（1915年）奉农商部检定，各省最优等稻种，广东连山县之香粳与焉。”

贺州学院博物馆藏壮族风车

耕种方法成熟。青铜器、铁器很早进入连山壮族瑶族自治县，考古发现：春秋战国时期连山壮族瑶族自治县境内的福堂、吉田一带就有大量的铁器出土。明清时期，曲辕犁耕田技术进一步改进和完善：犁辕变曲、变短，犁身更加灵活、轻巧，耕作效率进一步提高。明代以前就开始了双季稻的种植，清康熙三十二年（1693年）《连山县

a. 贺州学院博物馆藏壮族水车
b. 贺州学院博物馆藏壮族蓑衣
c. 连山地区的耕耙，现藏于连山壮族瑶族自治县民族博物馆

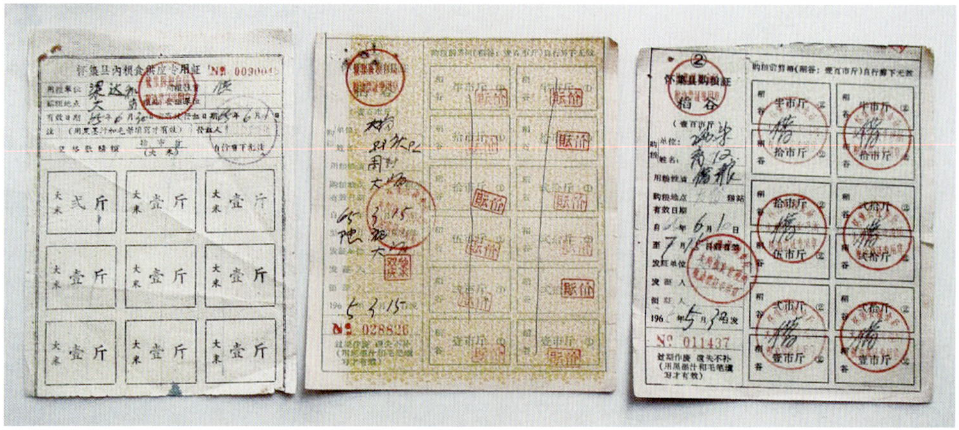

三年困难时期怀集县的各种票证

志》中提到的夏税秋粮就提示双季稻在连山壮族瑶族自治县已经得到广泛的种植。

中华人民共和国成立后，连山的水稻种植迎来了又一个春天。20世纪80年代，在我国著名的“水稻指标化计划栽培法”创造者罗期聪的带领下，连山壮族瑶族自治县水稻种植打破了“连山即使有千斤土地，也没有千斤气候”的神话，首次创下了连山水稻亩产过千斤的记录。这引起了全国的关注，并获得了“杂交水稻之父”袁隆平的高度赞赏。接着，在罗期聪的带领下“温室加尼龙两段育秧法”的创造和推广，为粤北的高寒山区推广两季杂交水稻，提高水稻亩产提供了行之有效的办法，解决了粤北山区几十年来因为自然条件导致粮食产量低的问题，解决了粤北山区人民长期得不到温饱的历史困难。从此，壮

a | b

a. 罗期聪一丝不苟地在田间工作

b. 连山壮族瑶族自治县农科所所长陈建嗣在田间选育粤优8号

族地区一天吃两餐粥，晚上才吃一顿干饭的困顿局面得以改观。

近年来，粤北壮区积极引进新的耕种技术，进一步发挥连山稻糯的优良品质，为连山稻米走出连山、走出广东奠定了基础。

连山壮族瑶族自治县在20世纪90年代末期到2000年初开始发展有机稻种植。粮食种植过程中，严格按照有机食品的生产技术规程操作，采用天敌防治病虫害等有机生态做法，稻米更加健康、环保，米饭更加甜、香、软、滑，口感极佳，受到了广泛的欢迎。

“泉香三号”“黄克一号”“紫香糯”“增城丝苗”“马坝油占”等优质杂交品种陆续得到引进并大规模种植。连山原本的特色优质大米品牌“香侬家”“山水牌”“僮瑶家香”已经在省内市场享有盛誉。

另外，本地传统品种连山地禾糯、连山黑米稻也得到了进一步的开发和推广种植。连山地禾糯也称连山旱稻，是适合种植在较高海拔的稻种，有粳、糯之分，颜色有白、黑、红三种，米质尤其以红色和黑色为贵，在清代乾隆时期曾被指定为上等贡米。黑米稻的主要产地是连山壮族瑶族自治县吉田镇，因为它的生长期较长，又称“十一月米”。黑米稻最宜用来熬粥，熬出来的粥绵软、香浓，长期食用，可益气补血、暖胃健脾，是病后滋补的好食材。

a. 杂交水稻实验样本
b. 有机稻飘香
c. 地禾糯
d. 连山黑米

二、饮食与菜式

岭南地区历来重吃不重穿。唐人房千里《投荒杂录》称：“岭南无问贫富之家，教女不以针缕绩纺为功，但躬庖厨，勤刀机而已。”壮族作为岭南的原住民族之一，饮食文化的形成和发展受到多种因素的影响，比如地理环境、气候条件、风俗习惯以及所在的社会环境等，从而具有鲜明的民族特色和地域特色。

盛宴

（一）喜食生腌酸辣

鱼生

粤北山区的动植物资源十分丰富，食物品种繁多，壮族人民把各种可食动植物做成各种佐餐菜肴。但长期以来因自然条件较差、生产力水平相对低下，同时，由于壮族地区民风淳朴，壮族老百姓对食物的加工方式相对简单，多采用生腌清煮之法，保留了食物的原汁原味。

爱吃生。生食作为一种饮食习俗在粤北壮族的日常生活中占据着十分重要的位置。徐松石《粤江流域人民史》认为粤北壮族饮食“喜欢半生半熟……鱼生和生菜的生食已不待论，就是一般蔬菜和鸡鸭牛肉等，烹者亦以略生为主”。当地的生食食谱中，最负盛名的要数“鱼生”“肉生”“生血酱”。

“鱼生”是连山壮族瑶族自治县上帅镇一带壮族节日待客最隆重的菜式之一。清光绪二十五年（1899年）《横州志》记载当时人们制作、食用“鱼生”的方法：“剖活鱼细切，备辛香、蔬、醋，下箸拌食。”现在上帅一带壮族食用生鱼片的方法有两种：一是把鲜鲩鱼（按：至少要两斤以上），洗净开膛（按：不能沾生水），取出鱼脏，用利刀将鱼肉薄薄的一片一片剥出剔骨，放在筛上晾干水分，然后将酸醋、盐、油、生姜、葱花、蒜米等佐料和生鱼片一起搅拌腌制，密盖几分钟即可食用。另一种吃法是：把鲜活的鲩鱼吊起来，在鱼尾两侧横切两刀，任由鱼血滴干，而后剖腹取出内脏，不让着水。接着刮去鱼鳞，割下鱼片肉，一块块晾去水分。待肉块的水分干到一定程度后，加盐和酸醋浸一块吃一块，一口烧酒一口鱼。鱼生的制作要点在于整个过程都不能沾生水、鱼肉必须沥干水分、必须酸醋腌制，据当地人说只有这样制作出的鱼生才鲜美爽脆，没有鱼腥味。

师傅介绍如何调制鱼生

a | b
c | d
e

a. 鱼腥草
b. 择洗韭菜
c. 黑木耳
d. 将鱼剔骨、切片
e. 切好的鱼生片，沥干水分等待醋腌

鱼生制作

“肉生”是连山壮族瑶族自治县小三江镇和上帅镇的重要节日菜式，一般只用来款待贵宾。“肉生”最常见的制作方法有两种：一是先把新宰的半肥半瘦猪肉、或者新鲜猪肝和石蛤肉切成薄片或一寸长细丝条，用高度酒或者浓醋焯掉血水沥干，然后浇上浓醋浸泡腌制一个小时左右，再捞起配上炒熟的当地常用配料，如葱花、生紫苏、切丝木耳等。另一种肉生的制作方法为：把肥猪劏净，在猪肉尚有余温时，切前胛肥膘肉，拌上一点生盐即食。这种吃法也叫“肥膘点盐”，据说可口不腻、清甜爽脆，还能滋阴降火，有助于消除肠胃燥热。

另外，粤北壮族还保留了吃动物生血的传统，不过只生食鸭血。杀鸭时，将血注入盛有米醋的碗碟中，再放入生姜丝、葱花、生紫苏等拌匀，便可得到一碗紫绿色的鸭血醋酱。吃白斩鸭时，夹起一块鸭肉在醋酱里沾一沾再入口，顿觉满口清甜、爽脆无腥。

上述生吃的食物都必须与醋相伴。据当地壮族医生解释：醋制类肉食的胆固醇含量相比煎煮类动物肉食低，而且醋酸有助消化，能软化血管防止动脉栓塞。看来这一观念被大部分壮族人包括在壮区杂居的汉族人接受，所以敢吞食生肉。

a | c
b |

a．肉生制作
b．壮族生食羊血
c．白切鸡制作

酸菜制作

摆卖酸菜

酸菜酱缸

广东壮族同胞特别喜欢食用各种酸腌食品。刘锡蕃《岭表纪蛮》载：“腌菜一物，为各种蛮族最普通之食品。”广东连山壮族瑶族自治县家家户户常年备有自己腌制的酸菜，几乎每个家庭都有酸菜缸。

腌制的品种除了各种瓜果蔬菜外，也有肉类鱼虾。其中最出名的当数酸腌猪肉，壮话叫“拜抓”或“挪候散”。具体做法是：先把肉切成块，用文火焗熟，拌以炒米粉放入边缘有槽可盛水密封的陶坛内，不日即变酸肉。需要食用时再取出蒸熟即可，这种酸腌过的肉可保存较长时间，是一种传统的肉类贮藏法。壮族同胞喜食酸腌之物，与他们的生活环境是分不开的。粤北壮族生活区域多为高寒潮湿的山区，多吃酸腌，可以帮助驱寒醒胃；另外，壮族地区多为物质欠发达地区，酸腌之法则很好地解决了壮族同胞日常生活中食物储存的困难。

酸腌猪肉

酿菜也是广东壮族逢年过节待客必不可少的经典菜式。其中最为出名的是猪血糯米酿猪肠。先将新鲜的猪大肠洗净沥干，用细绳拴紧一端，然后将搅拌好的糯米、花生、猪血、绿豆、五花肉丁等灌到猪大肠内，再用细绳拴紧其另一端，置放于蒸笼上蒸熟，美味的猪血糯米灌肠就做好了。另外，鸭血也可以制作成鸭血灌肠，味道比猪血灌肠更鲜美可口。这种灌肠深得当地壮、瑶、汉族同胞的欢迎，也是当地逢年过节必不可少的菜式。

壮家酿血肠

酿豆腐也是难得的美味。酿豆腐又叫“豆腐让”，主要以猪腿肉和油豆腐为材料。猪腿肉去皮，先切条，再切丁，横竖剁剁，刮起放大碗里。泡软的香菇切丁，丢大碗里。韭菜有多细切多细，丢大碗里。再拍扁几个葱段，切碎，丢大碗里。加少许盐、酱油、味精等配料到大碗里，再用洗净的双手将不同食料均匀搅拌在一起，这就是“让心”——馅料。“让心”可以根据个人喜好选择不同的食材，有人喜欢莲藕、绿豆等，风味不一。将油豆腐洗净沥干，拿调羹舀适量“让心”塞到油豆腐内。最后把灌好的“让”，置于蒸锅上蒸熟，出锅装碟即可招待来宾。

a. 油炸鲜豆腐
b. 炒制酿心
c. 成品酿豆腐（右前）

（二）喜食糯米食品

壮族是以大米为主食的民族，壮族先民是历史上最早栽培水稻的民族之一。至迟在汉代，壮族先民就确立了水稻的主粮地位。相对大多数其他以大米为主食的民族，壮族喜欢食用用糯米制成的食品，糯米在壮族的主食结构中所占的比例是很高的。

广东壮族的节日糕点主要有粽子、糍粑、米糕、汤圆、油炸果等，这些都是以糯米为主要原料制成的。

制作白糍

壮家舂白糍

各色壮族糯米制品

连山壮族瑶族自治县出产的各种糯米性软而粘，特别适宜用来制作各种糕点。当地壮族同胞除了与汉族一样用其制作煎堆、三角粽、糖糕外，各种糯米糍粑，也是他们节日和庆典中必不可少的食品。

除了各种糍粑外，五色糯米饭也是粤北壮乡的特色糯米食品，“四月八，家家户户炊五色糯饭”。在每年的农历四月初八这一天，当地壮俗“耕夫耕牛均休息一天”，并且分别用枫叶、紫蓝草、红草、黄花榨汁浸泡糯米将其染成黑色、紫色、红色、黄色蒸制成饭，加上本色糯米饭构成五色。蒸熟后的五色饭，色彩鲜艳、清香袭人、味醇微甘，是不可多得的美食。另外，不同颜色的糯米饭还具有不同的作用，如黄色的糯米饭，是壮民在上坟、“接鬼”和“送鬼”时使用的。南瓜糯米饭、红薯糯米饭则是壮乡老百姓食用频率很高的主食了。每年南瓜黄、番薯熟时，家家户户都会将其存放于通风透气的地方一段时间，据说这样可以使南瓜、番薯中的淀粉充分糖化。等到要食

南瓜饭

五色饭

番薯干

用时取一个南瓜去掉瓜皮、瓜瓤、瓜子，将瓜肉切成大片放水煮熟，再将淘洗好的糯米撒在瓜肉上面煮熟成饭，然后将瓜肉和糯米饭拌匀即可。一般瓜肉和糯米的比例为3∶1，这样才能保证煮出来的南瓜饭味道清甜，红薯糯米饭做法大同小异，但味道较南瓜糯米饭稍逊。壮家常以这两种饭待客，主客都吃得十分香甜。

壮族人善饮，壮乡家家户户都有自酿的米酒。刘恂《岭表录异》记载了唐代时壮族先民酿酒的方法：“……别淘漉秔米晒干，旋入药和米捣熟，即绿粉矣。热水溲而团之，形如锫饦。以指中心刺作一窍，布放簟席上，以枸杞叶攒罨之。其体候好弱（案：此句疑有脱误），一如造曲法。既而以藤篾贯之，悬于烟火上。每酝，一年用几个饼子，圆有恒准矣。南中地暖，春冬七日熟，秋夏五日熟。既熟，贮以瓦瓮，用粪扫火烧之。”明清以来，酿酒在广东壮族地区十分流行，稍富之家，几乎户户酿酒。除了纯度较高的酒外，酿制低度水酒、红薯酒和木薯酒是每个壮族家庭的长项。有的在米酒中配以鸡胆、有的配以鸡杂、有的配以猪肝，这些统统被称为“酒肴”。

壮族迎客礼：进门三碗酒

壮家酿酒忙

第二章 叠彩壮乡

一、织锦与服饰

广东壮族作为中国壮族的一个分支，自古生活在岭南中北部山区。由于其特殊的居住环境，壮族服饰文化得以融合了湘楚文化、客家文化、广府文化的诸多因素，其服饰特点也深受当地汉族、瑶族服饰的影响，形成了有别其他壮族支系的服饰风貌。

太保镇欧家梯田穿着民族服装的壮族少女

a | b | c

a．连山壮族瑶族自治县出土的新石器时期陶纺轮
b．连山壮区民国时期木纺轮
c．贺州学院博物馆藏壮族织布机

断发文身大木俑（西汉初期）。柳园岗墓群中出土，高52厘米，前胸用墨绘卷云纹，头发全剪光，箕踞而坐

考古资料表明：距今一万多年以前，华南地区的早期人类就掌握了骨针制衣的技术，其中也包括壮族的远祖。1983年，连山壮族瑶族自治县吉田龟背山、永和大寨岭出土了距今七八千年新石器时代晚期的泥质陶纺轮。纺轮是捻线的工具，有了线才能织布，可以推想，这时的广东壮族先民已学会纺纱织布。春秋战国时期，壮族先民之一的瓯骆族，其服饰逐渐形成了"披发文身，错臂左衽"的风格。这种"左衽"的衣袖短，向左开襟，与当时中原地区华夏流行的"右衽"和宽衣大袖明显不同，第一次勾勒出壮族先民的服饰特点。文身是衣服还没有完整地出现以前人体装饰的一种原始形式，同时也是部落的图腾，有护佑与巫术的作用。《淮南子》有"九嶷之南，陆事寡而水事众，于是民人断发文身"的记载。从某种程度上讲，断发可避免挂缠之苦，纹身可防水族之患。可见，瓯骆民族服饰的产生，是由他们从事的生产活动、生活环境以及宗教信仰所决定的。

南方天气炎热，因此裸体之俗较北方普遍。来自中原的南越王赵佗说，"且南方卑湿，蛮夷中间，其东闽越千人众号称王，其西瓯骆裸国亦称王"，可知当时瓯骆之民裸体之风盛行。直至宋代，与连山壮族瑶族自治县接壤的南丹壮族妇女仍然多有"洗足裸形"的。壮族古已有之的"男女同川而浴"至今仍见于桂西山区和壮族的七月香戏水习俗。

棉花作为舶来品，在元代就已进入广东。粤北壮区开始广泛种植棉花，并用棉花织成"吉贝布"，旧志云："精织细布，所以称为壮布也。"至今粤北的壮族地区仍保留一些种棉花的地名，如“骆歪”，“歪”即壮语的“棉”，“骆歪”即是种棉花的山冲，直到中华人民共和国成立前，种棉、纺纱、织布、染布仍是粤北壮族家庭妇女必须掌握的工艺技术。现在不少的壮族人家仍保存着手摇纺纱车和木织机。用自种自纺的棉纱织成“家织布”，既坚实又耐磨，是制作底裙的上好布料。

a | b

a. 一位来自广西的壮族妇女在深圳文博会主会场展示织壮锦技艺
b. 山乡戏水的少年

穿着黑色民族服饰的壮族老百姓

壮族服饰崇尚黑色，广东壮族继承了这一服饰特色。壮族的传统印染工艺中，蓝靛染是最有名的，直至今日，粤北一些壮族村寨的妇女，仍以蓝靛染制黑色布料，以缝制黑色的服装。

广东壮族男女的传统服装。男服有右襟与对襟两种：其一为反缚无领右襟衫，衣纽从右腋下开至腰部又转向正中，再开出三四寸而止，衣襟嵌一寸多宽的蓝或黑色布边；其二为对襟开衫，成排布或铜扣。中华人民共和国成立前，男子还习惯穿着长袍礼服，袍外套上一短褂，通称“长衫配马褂”，与当时汉族的长衫不同的是多加了一短褂。女式服装为无领右襟衫。袖宽26—33厘米，衫长至膝盖处，衣脚滚蓝、黑布边，边幅有宽有窄，一般在三道以上；肩内贴布反线在外，起缝三线，名曰“反缚衫”。男女裤式基本相同，习惯用蓝或黑布，裤脚滚边以蓝黑色布相间隔，裤头较宽，俗称“牛头裤”。未婚女子常穿黑色扎花百褶裙，褶子极细。已婚妇女还在腰上系一小围裙，当地称之为“肚兜”；裤腰左侧悬挂一铜制小穗形饰物，与钥匙别在一起，走起路来“沙啦沙啦”作响。

a | b | c

a、b. 传统壮族服饰——上帅壮族瑶族乡男服
c. 已婚女子传统服饰

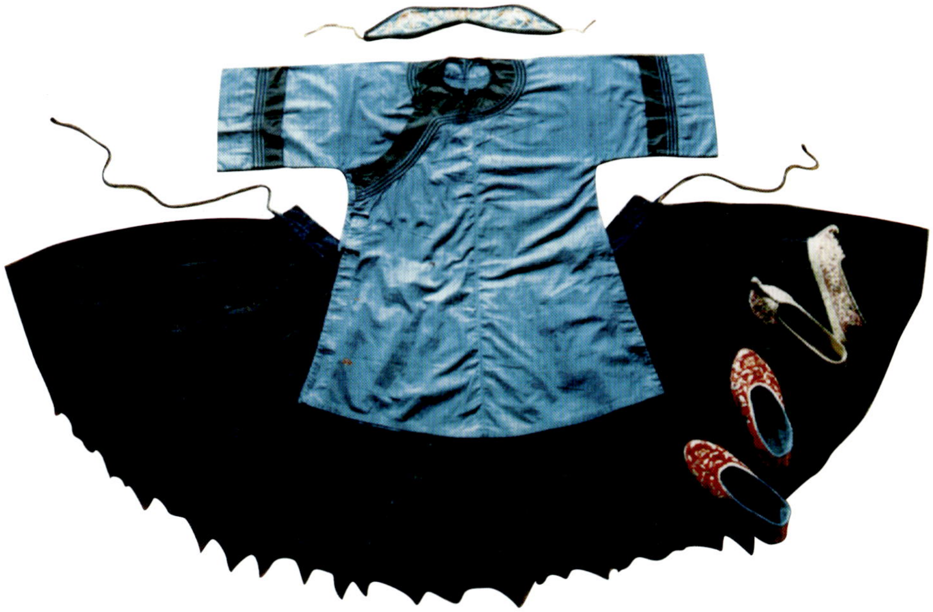

已婚女子传统服饰

壮族少女服饰

按传统惯例，新娘出嫁时必须穿黑色衣裤。即使姑娘不喜欢穿黑衣服，这一天也必须换成黑衣裤。这黑色嫁衣由男家备制，在新娘出嫁前由媒人送至女方家。出嫁那天，无论出太阳或下雨天，都撑黑布伞上路。接新娘亦穿黑衣裳。新娘初孕，也要穿上出嫁时的黑衣裤。据说穿黑色衣裳表示正统和喜庆。所谓正统，即始于先祖经纺纱织布，织成白布，制成白衣。后来发明用大靛草加深塘泥过滤染布，才得以穿上黑衣，在当时能穿上黑衣的为富贵之人。所以壮族人至今仍保持穿黑衣，实为保持传统。而表示喜庆，则释言吉祥鸟喜鹊的羽毛亦黑色，故姑娘如吉祥鸟飞翔般穿上黑衣。但其他喜庆节日却不一定要穿黑衣裳。虽然穿黑衣出嫁，新娘礼服还是要在黑衣裤上加饰绣花流苏披肩或大红绣花散条裙。流苏披肩分两层，上层为莲花瓣形，下层呈披肩形，但由布条裁制。两边花瓣各挂一香包，中间似领带绣带亦挂有香包，别有壮族风韵。裙的前后幅不折褶，上绣有花草蝴蝶图案。只左右幅折褶或剪成散条，故又称散条裙，壮族人称为“裀”。

a | b | c

a. 传统壮族新郎新娘服饰

b. 壮族传统男服——对襟衫、白头巾

c. 壮族妇女传统服饰

广东壮族男子有扎白色头巾的习俗。清代李来章任连山知县时，曾有“白布蒙头真怪事，为更皂帽意如何”的诗句，描绘当时的壮族扎白头巾的场景。头巾宽约半米，长2—3米。后袭汉俗而“更皂帽”，即改戴黑色绒线圈顶帽。

未婚女子蓄发结髻，以梳刘海辨婚否。未婚女子通常把左边头发梳绕至右边（约三七分），用发卡固定，或扎长辫一条，辫尾扎丝带，劳作时把发辫盘在头顶。梳刘海是未婚的标志。新娘与未婚时不同的是发式的改变。结婚这一天，新娘必须把刘海往后梳，变三七发式为后梳发髻，再用红绒丝绳扎髻，插上髻簪、红花和银簪等首饰。

已婚妇女不再留刘海，而是梳发结髻。明志云：“女子梳盘龙髻，贯以大簪，或包白布帕，以青纱绣之。”梳髻多是中年以上的妇女。

壮族勒额

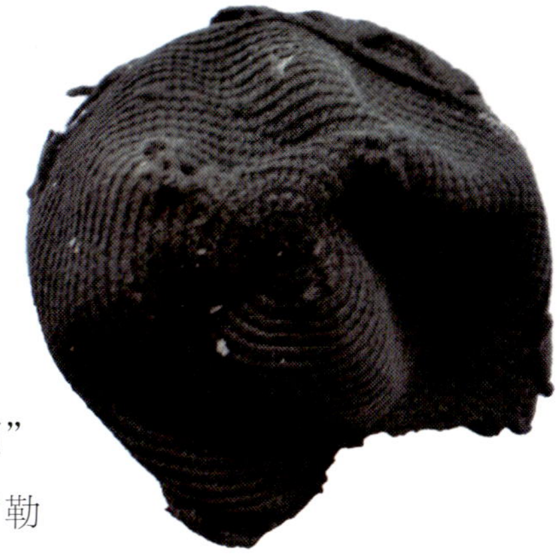

壮族老年人帽子

老年妇女和儿童仍保留戴绣花“勒额”的习惯。古籍载壮俗：“布帛勒额”“勒额”即儿童和老年妇女用来围在额头上起到护额防风寒之作用的头饰。勒额是用2—3寸宽的绣花布条缝制而成的无顶遮额帽，儿童的比老年人的宽。上面一般有壮族精美的图案刺绣，花式因人因年龄而异。

壮族背带。壮族背带一般比汉族的背带要大得多，壮话叫“腊”。整个背带展开来形似一只大蝴蝶，“蝶翼”为双层布，翼尾缝有布袋，以利于上山劳作时装食品，总长达3米，宽约33厘米；蝶身长66—99厘米，能把整个小孩严严实实包裹在里面。壮族背带

壮族老年人传统服饰

壮族黑地绣花背带

a. 壮族背带
b. 正在刺绣的壮族妇女

之所以要制作成这般大小，是由于他们常要背负着小孩爬山赶路或下田劳动。背带太小，容易磨损折断，而且对肩膀的压力大，使人感到疲劳和不舒适。把带子做得宽厚些，肩膀的压力小了，长时间背负也觉得轻松。寒冷天还可加上一张小棉被（按：壮话叫“卜”）包裹在“腊”里面，给小孩防寒保暖。壮族同胞对别人家新生婴儿称为“文卜”（按：汉译“大人”），将小挂被称为“叠卜”，忌讳称“宁”（按：汉译“小”），意为祈望婴儿顺利长大。

壮族的背带心即“蝶身”，有些很讲究，通常用红绒线绣上吉祥如意图和“成人长大”“出入平安”等祝愿字句，有些人则绣上八卦乾坤图。有时还挂上一本旧通书，表示给小孩镇妖，希望孩子长大知书达理。

精湛的壮族刺绣。在壮族山寨，妇女们个个都是纺织的能手，织锦手艺更是精湛。壮族除与畲、瑶族一样常用平绣外，还擅长剪纸贴绣，壮族老人所用的“勒额”、无顶童帽以及鞋面等，都常用贴

壮族刺绣

壮族绣花帽

四凤壮锦

绣。壮族的刺绣多偏爱自然组合图形，壮族妇女往往根据自己的意趣和审美观念，将各种自然物进行大胆地创作。

民族文化瑰宝——壮锦。壮锦是壮族纺织技术的精华，一般用棉线做经线，五色绒线做纬线，按照一定的图案一丝一缕地织上去，结构严谨、色彩斑斓，图案生动，体现了壮族开朗的民族格调，寄托了他们对天地的崇拜和对美好生活的向往。流行在粤北山区的壮锦，其图案主要有几何纹，花鸟虫纹，万家纹、云纹、水波纹等。壮锦可以制成被面、背带、头巾、枕巾、台布、挂袋等。壮族姑娘给心上人的定情物是壮锦肩包；结婚时，陪嫁的有壮锦背面；生育时，娘家送去的有壮族背带，壮族人民不仅用壮锦美化生活，还把它视为幸福的吉祥物。

连山壮锦

20世纪二三十年代，随着中国社会剧烈的动荡与民众生活的日益艰难，随着洋布与西装的泛滥，壮族的服饰传统受到猛烈的冲击。《东兰民歌·剪掉长发改旧

广东壮族传统干栏建筑

装》记载“裤子镶脚衣绣边，浪费银钱又麻烦。衣服边上几道杠，就像犯人麻绳缠”。不仅壮族男子，连爱美的壮族女子的服饰穿着，也渐如汉装。

二、干栏与院落

屈大均在《广东新语》中说：“壮与民杂居不可辨，大抵屋居者民，栏居者壮。”把屋居与栏居作为识别汉壮的方法。全木结构的干栏建筑本是粤北壮族的特色建筑，但清末民初因受当地汉文化的影响，干栏建筑逐渐被砖泥结构的房屋所代替。神龛，厅堂的木雕，门墩

连山壮族瑶族自治县禾洞镇传统壮家小院

福堂彬雅村前的风水树，据说有400余年历史

的石雕，出入村寨的门楼，也与当地汉族难于分辨了。

广东壮族建造村寨时非常注重周边环境的选择。村寨一般选在河流大转弯，地面较宽广的平地；或者大河与小河交汇处，河面宽阔，水流缓慢的地方；或选依山傍水、背山面水、山腰坡边的地方。许多村寨有“村前一曲水，村后万重山”之美，村寨多以围墙绕村、绿树成荫，每一村前都有一棵或几棵大榕树为风水树，以此象征人畜两旺。

村落房屋建筑，也讲究布局，互相间隔为宜。“一个姓氏一条寨”，聚族而居是连山壮族最大的居住特色，当地壮话称这样的以姓氏为单位建立起来的村寨为“班”。建“班”的祖先，已为后代建房作好规划，即在“班”中心建起祖宗屋，即厅堂，壮话叫做“丁”，用来供奉“始、高、曾祖考妣”神龛牌位，也是全村办红白喜事的场所。家中死了人，只要是有后代又是正常死亡的人都可以陈尸和供灵

严格以“班”为中心建立起来的壮族寨子

位于“丁”，年节、嫁娶时都要在“丁”举行祭拜祖先的仪式。有的“班”是独座，有的“班”是两座或三座。有三座的，二座居中，上通头座，中间有天井，两旁有厢房，可做办红白喜事的厨房或招待客人留宿铺设临时床。头座中厅屋脊梁下有一条二梁，两头接墙外压有银元或铜钱，梁木两端，一边挂通书，一边挂香穗，表示庇护子孙后代知书识墨，丰衣足食。梁正中吊挂一长方形红布，镶有一块“照妖镜”，表示祖宗神明高照，一切妖魔鬼怪在此均现原形，不能逞凶。二座、三座平时是村中文化娱乐、歇息的场所，节日喜庆可用来摆酒席（按：每座可摆四五席，甚至更多），二座、三座只架设楼梁，不铺楼板，供村人置放备用的棺材。建房有一条不能违背的规定：子孙后代造屋，纵然有多大本事，屋的间数、宽阔可以不限，但在祖宗厅正面建屋，其高度不能超过祖宗厅，在村头寨尾建屋则不在此限。按照这条规定，各家各户就在厅堂周围按房份辈次建造自己的住屋。房屋一般为三开间，俗称“一座三”。中间为厅，两边做寝室。厨房、

a
———
b

a. 高耸的院墙
b. 分隔户与户的院小巷

a
b | c

a. 用石子铺就的小巷路面
b. 巷门口嬉戏的孩子
c. 陈放宗祖排位的“丁”以及院中天井

柴房、牛栏、猪舍等附属建筑物建于房屋旁（按：多用树条、茅草、杉树皮扎盖）。正屋的后墙不开门窗，忌讳“上穿下漏”。房屋的深度与长度一般是5.6米×8.9米或6.3米×9.6米。户与户之间有小巷分隔，路面用扁长的石子整齐地排列铺成。

近半个世纪来，许多农户已打破了以厅堂为中心的村寨型结构，自选宅地建立庭院

宗祠檐角辟邪的八卦图

宗祠屋檐民族图腾的鱼龙

民宅檐上的特色雕花

民宅建筑上古朴的花窗

民宅建筑上高耸的门楼

具有浓郁民族气息的壮乡村寨建筑元素

怀集县下帅壮族瑶族乡壮族民居

式的房屋。自立一个小门楼，里面“一座三”或“一座五”，前面围一堵墙，内面建附属建筑，中间留一空坪，作放喂禽畜的场地。

另外，壮族乡村多门楼。门楼既有公家门楼又有私家门楼。公家门楼，是全村人共有的，通常建在公共出入的主要通道上。中华人民共和国成立前，一些村寨全村人只由一个门楼——公家门楼出入，大有冷兵器时代“一夫守门，万夫莫开”的气概。“私家门楼”则是一家人出入的门口。不管是公家还是私家的门楼都是一座与住房厅室相连的两层楼，门楼的门口上方（按：门楣上30厘米左右）的两侧有一对对称的钱眼，不过其口不是方的，而是内侧分成四个纺锤形和一个多边形，有的为显现钱眼，则在外涂上一黑一白两圈，显得格外醒目。公家门楼先前是有坚固的关栏的，包括门板、铁制栅门、竖木横栏等，现时已无关栏；二楼足可安家，大部分用来堆放备用棺材；门楼地面两旁设有难以搬动的大木凳或石凳，是老人、小孩歇息玩耍或男女村民聊天的地方，正所谓“门楼大凳轮流坐”。自家门楼比公家门楼低矮，楼上仅可安放一些农具家什；其座向不一，有的是并列的两座住屋，各自的门楼紧靠，但方向不完全一致，据说是“命格”不同，所取的“分针”也不同的缘故。

聂氏古民居门楼

“文林第”民居门楼

“飞龙”门楼

“声闻千里”门楼

安仁里民居门楼

各具特色的传统门楼

门楼题词多以寄托良好祝愿。比如水口村的坭灰椿墙门楼上留下“仁兴崇门”几个字，祝愿村中人多行仁义而后兴盛。天南村的门楼则有“瑞启天南”四个苍劲有力的大字，记录该村的始祖“瑞”和二世祖“启”的名字，四个字连成一词，以教育该村蒙姓子孙勿忘祖先创业之艰辛。

近年来，人们对门楼已不大重视，许多公家门楼已经崩塌，有的已成危房，有的房屋尚好，但门楼题词字迹已难辨，木牌匾腐朽也无人护理，由于人口的增长，全村人同一个门楼出入已不能满足需要。

怀集县下帅壮族瑶族乡六桥村壮族古民居

第四章 多姿信仰

一、牌匾与匾额

“鳌山山下校堂开，学子纷纷远道来……”中华人民共和国成立前，壮族聚居区福堂镇班瓦寨（按：今彬雅村）就已兴起了一股儒学的热潮。引领这股热潮的人是明代壮族土官莫朝玉将军的第二十六代传人允勋公，据《莫氏族谱》记载：他在当地兴建“士模学校”作为蒙童启蒙班、在宗祠内开办成人专修班供本族青年攻读四书五经、邀请连山宿儒成立鳌山诗社对会，这些举措促使当地出现了一股学习儒家文化的潮流。福堂镇原本是

莫朝玉将军庙庙会盛况

祠堂上的浮雕

"蛮夷"之地，进入私塾学习，接受儒家教育只是少数壮族富人和当地汉人的事情，当地少数民族老百姓对读书并不感兴趣。因此，为如何有效扩大儒学在民间的影响力进而保证当地社会按照统治阶级所期望的方向发展，统治阶级自明朝开始陆续便在当地采取了一种最简易、直观、持久的影响方式——利用旌表牌坊、匾额对老百姓进行儒教宣传，这种灌输方式收到了良好效果。

2012年至2013年，笔者多次走访福堂镇的各条壮族村落，发现大量散落在民间的中华人民共和国成立前的碑刻、牌匾。整理如下：

清乾隆四十二年（1777年）五月初二日因黄之豪母亲寿辰乾隆御赐皇寿幛圣旨一幅，全文如下：

奉天承运皇帝，制曰：任使需才，称职志在官之关。驰驱奏效，报功膺锡类之仁。尔黄上镜乃广东肇庆府鹤山县训导黄之豪之父，雅尚素风，长迎善气。弓冶克勤于庭训，箕裘丕裕夫家声。兹以覃恩貤赠尔为修职佐郎广东肇庆府鹤山县训导，锡之勅命于戏，肇显扬之盛事；国典非私，酬燕翼之深情，臣心弥励。

制曰：奉职无愆，懋著勤劳之绩，致身有自，宜酬鞠育之恩。尔虞氏乃广

a | b | c

a. 乾隆御赐黄之濠父亲寿图（制成浮雕）
b. 乾隆御赐寿幛圣旨
c. 黄之豪母亲墓碑上的"圣旨"二字

东肇庆府鹤山县训导黄之豪之母，淑范宜家，今仪昌俊，早相夫而教子，俾移孝以作忠，兹以覃恩貤封尔为八品太孺人，于戏贲象服之端严。诞膺钜典，锡龙章之涣汗，用表荣施。

此圣旨现藏于连山壮族瑶族自治县民族博物馆，保存完好。

据《莫氏族谱》记载：创立荣贵寨的高祖畿公尤其重视教育，为了培育贤能，设办“瀚池学校”供里闾弟子读书。其长子家显六品顶戴贡生，次子家森四品武都司，一文一武，均有显绩。清道光壬申岁（1752年）七月十一日，两广总督钦命科考官为此加赠大门匾，题字为“文经武纬”，二座门匾题字为“捍卫梓桑”，重门匾题字为“世泽渊源”。这三块牌匾现藏于连山壮族瑶族自治县民族博物馆，保存完好。

清咸丰二年（1852年）为广东连山福堂镇肖洞村杨愈将因军功受赐封而立木匾“游击第”。匾今在广东连山壮族瑶族自治县福堂镇肖溪五村二座大门头，保存完好。

清同治三年（1864年）因荣丽村梁屋寨梁姓第七代传人梁金凰取得监生学名，钦命户部尚书、广东福建两省学政题匾“辟雍俊秀”。此牌匾现藏于连山壮族瑶族自治县民族博物馆，保存完好。

清光绪元年（1875年）钦命鸿胪寺少卿广东提督学政冯尔昌为庆贺连山厅虞亦煌次孙新进庠生送贺匾“庆衍翘林”。匾在今广东连山壮族瑶族自治县民族博物馆，保存完好。

此外，还有华丽村孔氏先人孔昭宗（庠生）立“品重干城”，贡生孔宪书立“家学相承”，岁贡生孔庆云立“文林第”，这三块匾至今仍然在村中保存完好。

清光绪九年（1883年）钦命广东连山梅洞村郭屋寨郭大邦为广东全省提督学院增生

a | b
  | c

a. “游击第”牌匾
b. “辟雍俊秀”牌匾
c. “庆衍翘林”牌匾

a	d
b	e
c	f

a. “品重干城”牌匾
b. “文林第”牌匾
c. “家学相承”牌匾
d. “翰苑先声”牌匾
e. “皇恩宠锡”牌匾
f. “贡元”牌匾

而立木匾“翰苑先声”。匾今在广东连山壮族瑶族自治县福堂镇梅洞村郭屋寨郭学深家门顶。

清光绪二十六年（1900年）为广东连山禾洞镇鲤鱼尾寨监生彭世雷被两广总督部堂嘉奖而立木匾“望重雍宫”。匾今在广东连山壮族瑶族自治县禾洞镇鲤鱼尾村彭厚忠家祖屋厅堂，保存完好。

清光绪三十年（1904年）九月因梁锦嘉获连山军民府儒生资格，立木匾“皇恩宠锡”。匾在今广东连山壮族瑶族自治县小三江镇大塘村梁秀概家，保存完好。

光绪三十一年（1905年）广东全省督学郭陔、朱组贻为广东连山贡生候补虞承恩获贡元资格，赠贺匾“贡元”。此匾现藏今广东连山壮族瑶族自治县民族博物馆，保存完好。

1923年，时任广东省省长廖仲恺，庆贺虞承慈当选为连山县县长事，送木匾“司牧

第”。此匾现藏今连山壮族瑶族自治县民族博物馆，保存完好。

1928年，县长凌锡华因乐快村李氏先人李家康（按：生前为六品附贡生，官分六品）八十岁时夫妻俱在，特送寿匾一块，题曰：“齐眉上寿”。此匾现藏今连山壮族瑶族自治县民族博物馆，保存完好。

1930年，时任连山县长的何冀洲，得知贤洞村韦家聚家五代同堂，题赠牌匾木刻“齿德俱尊”一块，全文曰：

> 连山五区钹村耆民韦家聚侍农有德，现年八十四岁，子三、孙四、曾五、玄一，五代同堂，尚日食升米，行不扶鸠，询备箕畴而臻五福，人瑞谓为国瑞。受赠四字悬于其堂，以君今德而彰国庆之：齿德俱尊。
>
> 民国十九年瑞月吉日立
>
> 连山县长　何冀洲

此匾现藏今连山壮族瑶族自治县民族博物馆，保存完好。

另有清道光年间的连山绥瑶直隶厅同知蔡天培敬撰的莫朝玉将军祠匾：捍卫里闾。匾文如下：

公祠为志匾

> 酬之志曰：宜善九村尊神莫将军、去夏五月予因事至司拜谒将军祠，见神威赫赫，意其为武之士也；后稽其族谱，乃知将军讳朝玉字翠峰，厅之肖村彬雅村人。将军秉姿颖异、博学右多才。明嘉靖间，流寇为患，程山官兵不振（程山，旧邑名。今司城也），将军奋勇倡义，所谓龙南、应梅、鲩鱼岭诸贼次第剿平。总兵官闻于朝、敕封武略将军、俾捍卫闾命甫里下，将军无疾而逝。身后屡显灵异，孰是说也。其殆

a. “司牧第”牌匾
b. “齐眉上寿”牌匾
c. “齿德俱尊”牌匾

莫朝玉将军墓联（连山壮族瑶族自治县民族博物馆拓）

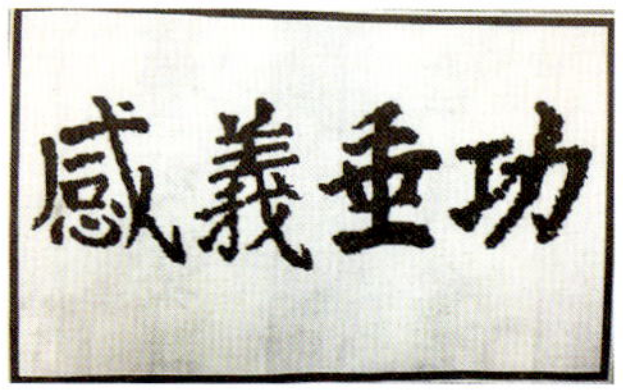

莫朝玉将军墓匾（连山壮族瑶族自治县民族博物馆拓）

宿学深思、高人逸士之为乎！正未可以区区介胄尽之也。夫天命无常，功成者退易。曰：天德不可为首。又曰：观我生进退。将军有传。惜其著作不传，而亦所未乐受，至其身后灵异，此正龙德若隐若彰，又与程山白云悠然无尽，村人士生，值升平之世，仰止高人逸士之庐，其必有以自淑其身而体将军，亦尽之怀也欤。是为志。

匾语：“捍卫里闾”。匾两侧对联：“边圉绕烽烟幸有奇勋垂往代，孤城靖旭日惜无善政负兹乡。”此匾现藏于莫朝玉将军纪念馆，保存完好。

班瓦寨李氏牌坊。李氏，生于乾隆丙午年（1786年）九月二十一日辰时，逝于光绪二年丙子岁（1876年）润五月十七日戌时，享寿九十一岁，无疾而终，葬在彬雅营背山之阳，生前育二子，谥“守节静怡”。1928年版《广东连山县志》卷十五《碑记》记载：“儒童莫永池妻李氏，生员德高女，年二十夫故。矢志守节，布衣疏食，上事九旬祖父、奉半百翁姑，下抚四月孤子、养终婚娶，礼道无愆。居孀七十年笑言不苟，一几一榻，坐卧终身，乡族皆无闲言。朝廷采访节孝双清，族戚联呈请连山厅主邓倬堂申请宪奏请旌表，经礼部覆准，奉旨旌表，宠赐‘清标彤管’四字准建坊，入节孝祠。”碑文如下：

建坊碑序

国家以孝治天下，以节励风俗。督抚大吏遇有节孝者无不据实奏请。旌表焉惟我外曾祖妣李氏莫母老君节孝双清久为閨门矜式于归三载逐失所天上事九旬余祖公，中奉半百余翁姑，下抚四阅孤子，克勤克俭以保大其业。执德秉七十年，言笑不苟，冰清玉洁，人无闲言，目五叶之荣，身高九茍之寿，尤为节孝中之佼佼者。会朝廷采访节孝，族戚等联呈厅主邓太守其详列宪，以莫氏为节孝，首蒙督宪会衔奏请旌表。经礼部覆准奉旨宠赐“清标彤管”四字，准建坊入节孝祠，仰见圣恩宏远，光及泉壤。不独子孙高其福，族戚有荣，施而一经褒嘉，妇孺兴感未始，非激扬风化之一道也。外曾孙岁贡生孔庆云薰沐敬序。

此牌坊位于班瓦寨南面，始建于清代，“文化大革命”中被毁，20世纪80年代重建。

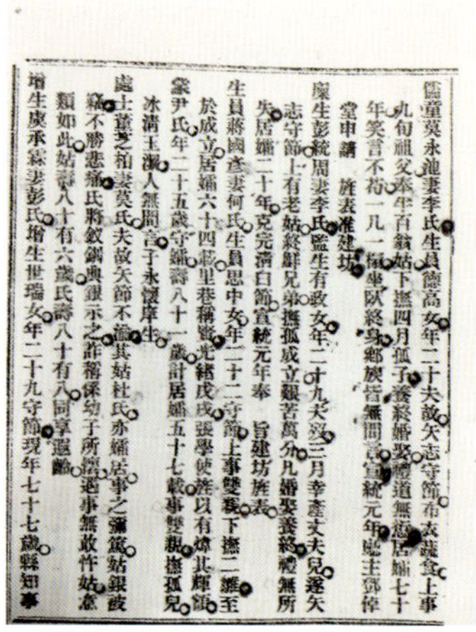
儒童莫永池妻李氏生員德高女年二十夫故矢志守節布衣蔬食上事九旬祖父奉半百翁姑下撫四月孤子養終婚娶禮道無愆居孀七十年笑言不苟一几一榻坐臥終身鄉族皆無間言宣統元年廳主鄧倬堂申請 旌表准建坊
庠生彭統周妻李氏監生有政女年二十九夫歿三月李產丈夫兒遂矢志守節上有老姑終鮮兄弟撫孤成立艱苦萬分凡婚娶養終禮無所失居孀二十年克完清白節宣統元年奉 旨建坊旌表
生員蔣國彥妻何氏生員思中女年二十二守節上事雙親下撫二雛至於成立居孀六十四載里巷稱賢光緒戊戌張學使旌以有煒其輝額
彖尹氏年二十五歲守孀壽八十一歲計居孀五十七載事雙親撫孤兒冰清玉潔人無間言子永懷庠生
處士董之柏妻莫氏夫故矢節不渝其姑杜氏亦孀居事之彌篤姑銀鼓竊不勝悲痛氏將斂銅典銀示之詐稱係幼子所拾還事無敢忤姑意類如此姑壽八十有六歲氏壽八十有八同享遐齡
增生庚承霖妻彭氏增生世瑞女年二十九守節現年七十七歲縣知事

1928年版《广东连山县志》中对李氏记载

福堂镇李氏牌坊

这些碑刻、匾额材质上主要是木质；年代以明清，特别是晚清居多；形制上以长方形横匾为主；内容上都是旌表贺颂匾，主要用以歌颂、称赞、旌表、庆贺受匾者的某种符合统治阶级主流思想的行为，诸如取得功名、尽孝之类。

碑刻、匾额的推行在当地客观上起到协调民族和阶级关系，维护封建伦理道德和政治规范的作用。牌匾的授予一般是上级至下级、官方至民间，在壮瑶汉杂居的粤北山区，它象征着一种自上而下的荣誉，它能够拉近当地汉族与少数民族之间的关系并且缓解地主阶级与贫民之间的矛盾。当统治阶级或者地方望族用荣誉和安抚的牌匾把儒家文化中的孝义贞节等传统观念赠送和赐予当地壮民的时候，壮民们满怀欣喜、感恩戴德的全盘接受了。“壮自明万（历）设里至今，输纳里役与民一体。第其俗朴质，不事华。饬力农务，近颇读书，尚易于教化，较之瑶，则相径庭。”[①]这种方式较之历史上某些特定时期暴力、强制手段高明得多，暴力的对抗冲突少了，取而代之的是对汉文化顶礼膜拜、儒教文化在壮区广泛而有效的传播。

a
b

a. 怀集县中州镇道光年间贡生石碑

b. 广东贡院，明清广东各地生员（秀才）参加省级考试（乡试）的场所，被录取者称为举人，可以参加翌年在京举行的会试、殿试

① （清）康熙三十二年（1693年）《连山县志》卷一。

怀集县梁氏宗祠

而这种方式在当地壮区的广泛使用也带来了当地汉壮文化的大融合，相关研究显示连山“主壮”就是在这样的一个历史时期完成汉化的。因此，它们实质上是朝廷的一种儒教教化方式，其目的是要在当地提倡儒家“尚齿”“守贞”“尽孝”“完节”等理念，从而保证社会的稳定和秩序，实现儒家的理想社会。

二、宗祠与土地庙

“一个村庄一座庙，一个家族一祠堂”是连山壮族瑶族自治县信仰场所的最经典写照。宗祠又称宗庙、祖祠、祠堂。它是供奉祖先的神主牌位、举行祭祖活动的场所，又是从事家族宣传、执行族规家法、团结族人议事的地方。崇拜祖先并立庙祭祀的现象，在原始社会后期即已存在。明世宗采纳大学士夏言的建议，正式允许民间皆得联宗立庙，自此

何氏宗祠外景

何氏宗祠内景

祠宇建筑到处可见。

明代以后，连山很多家族开始兴建自成格局的祠堂，这种风气到清代达到鼎盛。据初步统计，连山历史遗留下来的保存较为完整的宗祠有：福堂镇新溪村委会新溪村的新溪杨氏宗祠、鳌鱼尾班瓦村的莫氏宗祠、荣丽村委会福堂寨内的行符直义祠堂、永和镇（按：原属福堂镇）白羊村委会梓木坪村的何氏宗祠、小三江镇田心村委会良信村的杨氏宗祠、上帅镇连官村委会永新村的永新黄氏宗祠。这些宗祠在选址上一般比较注重风水，往往选取村落中近水或者祖先最先定居的地方；建筑风格上相对普通民宅要宏伟威严、规模大、质量好，越有权势和财势的家族，祠堂也越讲究，高大的厅堂、精致的雕饰、上等的用材，成为这个家族

新溪杨氏宗祠

光宗耀祖的象征；祠堂都有堂号，堂号由族人或外姓书法高手所书，制成金字匾高挂于正厅，旁边另挂有姓氏渊源、族人荣耀、妇女贞节等匾额，有些还配有对联。

与祠堂相对应的祭祀场所土地庙，往往位于村落的另一方向，土地庙相对祠堂来讲命名上比较简单，皆以“福德祠”号之；建筑风格上简易实用，往往以单间为主，里面供奉神像为三块石头，有的则以空神龛奉之。

与壮区祠堂和土地庙有关的祭祀活动相当之频繁，除了每年定期的春祭、秋祭之

上帅壮族瑶族乡陈屋村福德祠

a、b. 东君村福德祠
c. 佛子村福德祠
d. 佛子古庙

外，家中发生一般重大事情，比如婚嫁、丧葬、添丁之类都必须进祠、进庙祭祀，告慰祖先在天之灵，祈求各方土地神灵的保佑。参加祭祀的群体也是很广泛的，除了本家本族中当地的群众外，也有已定居在外的本族人，而祭祀的礼仪多遵循古制。

宗祠与土地庙的设立，以及与之相关的祭祀活动的开展，间接促进了后代子孙之间

佛子古庙庙会

的团结、互助，加强了其对本家本族的认同感与向心力，在客观上促进了当地社会的稳定和经济的发展。近几年来，壮区在招商引资、旅游项目规划等方面的亮眼成绩充分说明了这一点：2009年11月10日，连山壮族瑶族自治县首个农业观光旅游项目“千子湖农业观光旅游项目”落户禾洞镇；2010年，连山壮族瑶族自治县鸿诚隆现代农业科技有限公司和百年山水生态食品有限公司成立，公司主打开发研制连山高端有机茶，并计划开发连山现代农业及旅游业；2011年底，小三江镇七星村新型农庄“谢庄”——连山第一个集旅游、观光、种养殖、休闲、度假的原生态农庄建成；2012年，连山壮族瑶族自治县高人矿业有限公司成立。调查结果显示：这些企业的投资者皆为壮区的原住民，他们早年离开家乡外出闯荡，事业有成后携巨资回乡为家乡的建设添砖加瓦。他们都是抱着一种“富贵不忘乡亲”的强烈宗族意识和“喝水不忘挖井人”的浓郁家乡情节回到家乡，兴建宗祠、祭祖联宗、开展各种各样的经济活动，用自己的实际行动表达对同宗文化的认同。

莫朝玉纪念馆庙会

a
—
b

a．四月八巡游
b．佛子古庙庆典活动——过火街

三、年节与民俗

所谓自然崇拜，就是把自然物和自然力视作具有生命、意志、情感、灵性和奇特能力的对象而加以崇拜，并对之敬拜和求告，希望获其消灾降福和佑护的一种宗教现象。粤北山区地形复杂，以山地、丘陵为主，自古以来聚居在这里的壮族，他们认识自然、改造自然的能力有限，面对恶劣的自然条件与地理环境，常常感到恐惧困惑，以为自然界的日月风雨、山川河流仿佛都是由某种力量指挥，深信唯有对某些自然物进行拜祭祈祷，方能得到自然神的庇佑赐福。

广东壮族的自然崇拜，层面较为广泛，他们认为世间万物皆有神明主宰，大至天神、雷神，小至家中的床头、灶头皆有神，野外自然存在的物体，如巨石、古树、河水等都有神灵，诸神均不可冒犯。壮族《送神经文》中就有寄社神目、冷坛土地神目、庙主神目等各式各样神祇。道公的道服，绣有日、月、星辰、玉兔、蟾蜍、雨水、雷神等，也留下了他们日常生活中崇拜的痕迹。小孩取名也很有特色，往往以石生、木秀、火旺、土狗等为名，这些都是自然崇拜的遗风。清康熙三十二年（1693年）《连山县志》卷二记载：“连山地无平旷，田不方井，壤接怀贺，地杂猺獞，性多质朴，不事商贾，专力稼穑，病不服药专事祷神。”史载：“独五岭以南，俚俗犹存也，今南人喜祀雷神者，谓之天神。”这些文献材料也说明自然崇拜在粤北山区由来已久。

另外，广东壮族的自然崇拜现象很多都是跟它本民族的年节民俗结合在一起，是各种社会形态的复合体，它体现了当地壮族的风俗习惯、伦理道德、宗教信仰和文化艺术等，对当地壮族的社会经济文化的发展产生了重大影响。自然崇拜行为往往较为集中地发生在传统节日中，而通常传统节日也正是举家举族欢庆的日子，通过节日的聚会亲族之间感情得以凝聚，民族内部的向心力也得到了加强。同时，通过年节民俗活动，不同民族、不同家族之间的关系也得到了调整，节日常常成为人们加强人际关系的极好机会，礼尚往来、相互庆贺，人际关系最为融洽。

壮族道公服

a | b
  | c

a．“七月香”祭水
b．乔迁新居祭拜各方土地神
c．清明祭祖

a
b

a. 20世纪70年代怀集县下帅壮族瑶族乡壮族新娘汲新水

b. 壮族大年初一汲新水祈福

（一）水神崇拜——汲新水之春节

连山等地壮族风俗具有鲜明的地域或民族特色。正月初一早晨各家妇女竞相到井边或河边汲新水，用新水烧茶煮饭以示吉利。客人串门时，主人都以茶奉之表示欢迎，此茶客人一定要饮，饮不完的将茶水洒地一圈，表示与主人在新的一年里一样圆满。抢新水时，要给水神烧香化纸祈求好运。近年来，烧香化纸的程序正慢慢消失。

（二）谷神崇拜——二月二之独食节、春耕节

“二月二，犁头才落地”（按：连山壮族谚语）。连山等地壮族二月二为“独食节”（按：所谓“独食”，即不请客，忌客人来访之意）。其“独食”体现在：不欢迎来客，出嫁女如要回来，必须赶在二月初一之前；如果有客人来，不留宿，不宴客，据村中老人讲，旧时连番薯（按：红薯）都不给别人吃，“独食”即忌讳外人食用自家东西，以避免农作物受损害。其核心内容是：为庆祝开春，祈求家人（按：特别是劳动力）团聚、身体健康，并祈求开耕顺利，农业丰收。其传统习俗有：祭拜“田头公”（按：管田地的神）、家家户户做大汤糍或黄糍过节、到牛栏吃“汤糍”等仪式。

穿新蓑衣的农人

祭“田头公”仪式一般由一名壮年男性主持，自出门到仪式完毕主持人全程都打赤脚。上午九点半，主持人赤脚走到自家农田，对着农田烧香、祭拜，然后献上糍粑、猪肉等供品；拜完“田头公”后，主持人戴上斗笠，穿上蓑衣，双手合十对“田头公”许愿，请求保佑一年农业丰收；回家后，一家人忙着准备丰盛的午餐，主持仪式的人在午饭前还需重新披上蓑衣，端上一碗汤糍到牛栏旁吃，意即在春耕时人能像牛一样健壮，没有疾病。

20世纪80年代连山壮族二月二春耕节吃糍粑

a. 和粳粉
b. 裹糍心
c. 成形的汤糍
d. 煮汤糍

祭拜田头神仪式

祭品

祭“田头公”风俗在连山壮族瑶族自治县的小三江镇壮区最为盛行。据地方文献记载，小三江有拜“田头公”的传说。传说有一个男人很贪食，每次拜完“田头公”后，就把供品中的鸭肉（按：一般用鸭肉做祭品）、猪肉（按：或鸡蛋）、汤糍等全吃掉。回家后没法交差，只好对老婆撒谎，说是“田头公”将供品吃完了。老婆不信，第二年亲自去祭拜，老公为了谎言不穿帮，只好用鱼笥罩头，倒穿蓑衣，锅灰涂脸，假扮成“田头公”，趁老婆烧香许愿时，将供品吃掉。老婆信以为真，回家对老公说，真有“田头公”把祭品吃了。

开耕了

开耕归来

二月二“独食”的传统习俗已渐渐被人淡忘，取而代之的是热情待客的新习俗：上一年入伙新居，次年二月二则需热情宴请亲朋好友。

新时期“独食节”之美酒迎客来

新时期“独食节”之壮族姑娘田间歌唱

“独食节”文娱活动

a | b
c | d

a. 捡田螺
b. 田埂上看热闹的壮族阿婆
c. 爬田梯比赛
d. 木箱运秧比赛

但在小三江镇，壮民则认为这农历二月二请了客就能避免农作物种子被鸟儿吃掉，且这一年农作物能够大丰收。因此，这一天不但不需“独食”禁忌，还可盛情宴客使丁财兴旺。而传统的拜“田头公”仪式则变相为午宴前壮族民众在自家神龛前以三牲（按：猪肉、鸡肉或鸭肉，猪肉与鸡肉不可缺，鸭肉可用鸡血代替）为主要祭品进行祭拜，祭拜时纸钱必须用鸡血洒过方显虔诚。

连山壮族瑶族自治县太保镇欧家村雾山梯田春耕节

“独食节”之夜间的精彩生活——照黄鳝，祈丰年

“独食节”之夜间的精彩生活——篝火对歌

（三）祖宗崇拜——拜山扫墓之清明节

1928年版《广东连山县志》记载："至清明，家设墓祭至四月八日而止，广招亲情男女咸集，不曰扫墓而曰踏青，礼有不可过者，此类是也。"连山壮族的清明节是很隆重的。清明节扫墓并不限于清明这一天，清明前后从寒食至谷雨之间都是可以的。祭扫的对象包括近祖和远祖，形式也有家庭式和家族式两种，后者较前者隆重。

家族式墓祭的流程大致如此：备祭、洒扫、献祭、祭典、分胙。

备祭

a. 洒扫墓园
b. 献祭
c. 八音伴奏
d. 分胙享食
e. 离去

（四）耕牛崇拜——四月八之牛王诞

连山从古至今都是农耕大县，农业以种植水稻为主。据20世纪80年代的考古发现："从连山几个山岗遗址的选点看，绝大部分都选在依山傍水，土地肥沃的山岗台地上，前人留下的层层台地和梯田，就是古代先民开发原始农业的基地。连山的原始农作物正是从旱粮作物开始的。至今连山的永丰、梅洞，小田冲、茶联、联红等地的壮、瑶族同胞还有坚持种植山地粳稻糯（按：连山俗称地禾糯）的习惯。"[①]

正是因为这样的一种特色，耕牛在连山壮民的生活中发挥了不可代替的作用，清康熙三十二年（1693年）《连山县志》："四月八日，谓之浴佛会。"1928年版《广东连山县志》："四月八日，古为龙华会，时俗为牛王诞。农家多于是日以香茅裹糯米为

祭牛

洗牛

① （民国）凌锡华主修：《广东连山县志》，广州惠福东路天成印务局印，1928年。

壮家儿女迎宾客

壮族八音

粽，曰戚属聚饮，耕夫耕牛均休息一日。”这个节日一直延续到今天，尽管耕牛在农耕生活中发挥的作用越来越多地被机器代替。今天的牛王诞除了慰问耕牛外，更多的是维系情谊、广交朋友的平台。耕牛崇拜实质上就是一种农业崇拜，也是对生产工具的一种宗教崇拜。

喂牛

盛宴

（五）田祖崇拜——六月六之尝新节

1928年版《广东连山县志》卷一《天时志·节序》记载："六月六，天祝节。祀田祖。尝新节。"连山壮族称六月六（按：或六月二或六月五，以各地圩期而定日子）为"尝新节"，壮话叫"拜久那"，原意是拜"田头神"。这一天家家到未完全成熟的稻田里，采摘成熟的谷穗回家，脱粒炒干磨成米煮饭，拿"新米饭"到田头跪拜一番，祈求田头神庇护五谷丰登。壮家人过"六月六"是有其现实根源的。

长期以来，由于历史的局限，生态环境的制约，连山壮族大都聚居在贫瘠的山地丘陵地区，长期受当地汉族封建政权以及壮族上层统治者的剥削压迫。有时候还要面对居住于高山之上的瑶族人强抢豪夺，生存的空间较为封闭落后，再加上壮区刀耕火种的粗放式耕作方式，生产力很低下，壮族农民终年劳苦食不果腹的日子再正常不过，当地壮乡有顺口溜："七月无米过十四，十月无米过冬至。"每年春末夏初青黄不接之时，许多人家借贷无门只能靠稀粥、野菜度日。等到六月初，稻子慢慢黄熟，人们不禁喜上眉梢，一家老小身背竹篓到田里把早熟的那部分稻子割下来，其后在家炒干或者晒干磨出新米煮饭充饥。为了得到"田头神"的庇佑，来年获得丰收，在采摘新谷的时候人们都要在田头跪拜一番，把最早获得的稻谷用来祭拜"田头神"。经过长达两个多月的忍饥挨饿，人们觉得这顿新米饭特别香，久而久之每年到了这一时节不管家中有米无米，人们都要到田里摘些最先成熟的稻子回来磨米做饭。

中华人民共和国成立后，祭拜田头神的仪式逐渐消失了，但是过节的习俗却流传了下来。当然，过节的形式随着时代和生产生活条件的变化也发生了巨大的变化。现今的壮区，人们再用不着去采摘新谷充饥，取而代之的是家家户户都要杀鸡宰

采摘新谷

盛宴

粽子送亲友

鸭宴请宾客，并且制作1.5千克重、20厘米长的糯米粽馈赠亲友，以示庆贺。

（六）水崇拜、星宿崇拜——七月七之戏水节

七月初七，习称七夕——相传为牛郎、织女双星相会之日。壮族称乞巧节，连山民间俗称“七月香”，这个节日源起于人们对星宿的崇拜。

连山壮族瑶族自治县“七月香”壮家戏水节祭水仪式

七夕节在《诗经》中就已肇其端，“跂彼织女，终日七襄……睆彼牵牛，不以服箱”。到汉代，《淮南子》中有“乌鹊填河而渡织女”之句，《风俗通》亦有“织女七夕当渡河，使鹊为桥”一说。而七夕真正作为节日，应当始于汉代，节俗是晒经书、晒衣裳、向双星乞愿、穿针乞巧。晋代周处《风土记》中记述乞愿有乞富、乞寿、乞子等内容，此后才以乞子和乞巧为主，故又称为巧节、乞巧节、女儿节等。1928年版《广东连山县志》记载：“七月七日，乡人曝衣于庭。是夕，缙绅家女子有设瓜果以乞巧者。”

壮区，相传七月初七早晨，仙女们要下凡洗澡，凡人喝其澡水可避邪治病延寿，此水名“双七水”。人们在这天鸡鸣时，争先恐后地去河边取水，取回后用新瓮盛起

戏水前的祭水仪式

万民戏水

万民戏水

来，待日后使用。连山壮族大体沿袭了此传统。当地人认为每逢七月初七当日，天上的“七仙女”姐妹都在银河里沐浴嬉戏，正午前后，银河水与人间溪河水汇流，于是这天壮乡河里的水会变得特别清凉、干净，即时饮用对人体健康十分有益。人们休浴后，有消灾、除毒、驱邪、润肤、少生疾病、延年益寿等好处。因此，每逢此节，壮家人概不请客加菜，也不务农事，而是集聚到河里洗头、休浴、耍水、嬉戏，祈求健康长寿、平安吉祥。壮族姑娘更是要入河休浴，因为据说洗浴“仙水”后，姑娘心身清香，体态健美。另有装“仙水”酿醋的习俗。据说这天从河里取水酿酒制醋，酒香溢远，醋香耐放，且经久不坏，故壮家人又称七月香为“长久节”。此外，农家人在这一天把家中的衣物被帐拿到太阳底下暴晒，然后存放在衣柜里不会发霉虫蛀。节日期间各村寨还举行游泳、潜水等比赛活动。从古至今，连山的“七月香”节代代相传，也成了当地壮族独具特色的民族文化活动。

近年来，连山壮族的这些传统民俗活动的开展越来越体现了政府的主导功能，这说明了党和国家越来越重视民族文化的保护与传承。在开展这些民俗、宗教活动的同时，当地政府往往会把招商引资与旅游开发结合起来，希望能在保护与传承文化的同时起到“特色旺县”“旅游旺县”的目标。

戏水节民俗巡游

第五章 土风越俗

一、新生与希望

壮族有求嗣之俗，中华人民共和国成立前壮乡如有夫妇婚后多年无子，便要请壮族师公进行“架桥”仪式。按照当地壮族的传统观念，创世女神“姆六甲”后来做了壮人的生育之神，她居住在花山上，满山百花盛开，谁家求嗣，她送一朵银花便生女孩，送朵金花便生男孩。故“架桥”仪式多半在室外举行，在沟上或路边架一象征性的竹桥，也有以布为“桥”的，师公诵经，祈求“姆六甲”将一朵花经过“桥”上送给求嗣之家。这种习俗，现在粤北的一些壮族乡也还存在。

婴儿降生后，须用老姜、柚叶共煎温水给婴儿举行首次洗浴，这次洗浴要用好几盆水，最后一盆水中，放置铜钱或银元一枚，有的甚至放入一只秤砣作为“宝器”。壮族人们认为：只有这样，小孩长大后胆子才大，否则，长大后就会逢事畏缩、毫无胆识。外婆得

20世纪70年代怀集县下帅壮族瑶族乡壮族婴孩

壮族童帽

壮族“长命富贵”饰件

壮族小孩肚兜

壮族外婆送背带给满月的婴儿

知孩子降生后，立即携鸡带蛋前来协助护理，同时把早已准备好的背带、抱毡、裹布也带来给小外孙。到了三朝日（按：婴儿出生后的第三天），备猪肉一块、鸡一只、鱼一条，称为“三牲”，敬告祖先：添丁了。

产妇“坐月”期间，亲戚朋友送来鸡、蛋或猪腿、糯米，或兼而有之，有的还赠送婴儿衣衫、帽、鞋或布料等，别人送的东西越多就越体面。对于别人送东西来，主妇要一一记在心里，以便日后回礼。这期间，不是亲戚朋友的一般都不来串门。如果无意中走进门来，不能马上回头就走，要待主人给甜酒吃了，并回送一枚硬币或一角几分钱置于盛甜酒的碗里，寓意孩子和客人都旺相大吉，然后才能离开。如果有要紧事登门与产妇家的主人商量，必须包好红包，待主妇盛甜酒吃后，把红包放在碗里。

产妇在月中一般不出家门，清洗尿布等一切家务由婆婆代劳，尤其不准下床沾水劳作。到了婴儿满周岁时，要摆“对岁酒”。这一天要杀鸡杀鸭，凡是坐月时送了东西的亲戚都须请来欢聚，表示答谢。亲戚来时，只要带些水果、糖之类的伴手礼即可。宴会开始前，母亲抱婴儿到亲戚朋友面前，让他们看一看这个小生命。这时，亲戚朋友讲些“将来会读书”之类祝愿的话，把一个写有“长生旺相”“荣华富贵”之类祝福语的红

a | b | c

a. 壮族婴儿满月外婆挑着糯米鸡蛋来贺喜
b. 壮族婴孩满月盛宴
c. 壮族满月儿童吃汤圆

包给婴儿，祝婴儿健康成长。婴儿的取名，有的在满月后，也有的是满一周岁后由祖父辈主持。有文化的则自己取名，无文化的人家则请有文化的先生取。女的多数取个“花”“莲”“英”“兰”“香”之类的名。男的有的则先取个“牛”“牯”“怀”（按：壮语，即“水牛”）、“狗”之类的乳名，如排行第二的叫“二狗”。所取乳名越烂贱越好，以示像牛、狗一样容易长大。

壮族婴儿

壮乡儿童

二、婚嫁与爱情

（一）一丝不苟的“开眉”

姑娘临嫁，由男家备办镜子一面、梳子一把、髻簪一支、大小红丝绳各两条以及猪肉一块、米九升（按：取长久之意），由预定的接亲娘（按：通常是媒人）送到女家。女家请“好命”（按：即父母健在、有子女而且身体健康、兄弟姐妹齐全）的姑嫂两三人来会餐。而后，由姑嫂给新娘梳妆。先在新娘的前额、眉毛、颈背部位擦上些许灶心灰，然后用细线绞掉脸上、颈项上的汗毛，并把眉毛整成弯月状。未婚姑娘是留刘海的，这天必须把刘海往后梳，把三七分的姑娘发型梳成发髻，用红丝绳扎起来。插上髻簪，变成少妇发型。从拔汗毛到梳髻的全过程是一丝不苟的，汗毛是否拔干净，眉毛是否整齐，发型是否雅观，要直到新娘满意为止。这一过程就叫“开眉”，它意味着姑娘从此进入了人生的新阶段。开眉，一般由姑嫂和其他已婚妇女帮助进行，别的姑娘是不允许在场的。据说：姑嫂一边梳髻，一边向新娘进行一些婚前教育和新婚之夜指导。现在，“开眉”这一习俗仍保留着，但梳髻已很少见了。

a | b

a．男方准备迎亲贺礼

b．20世纪70年代怀集县下帅壮族瑶族乡壮族新娘出嫁前的梳髻仪式

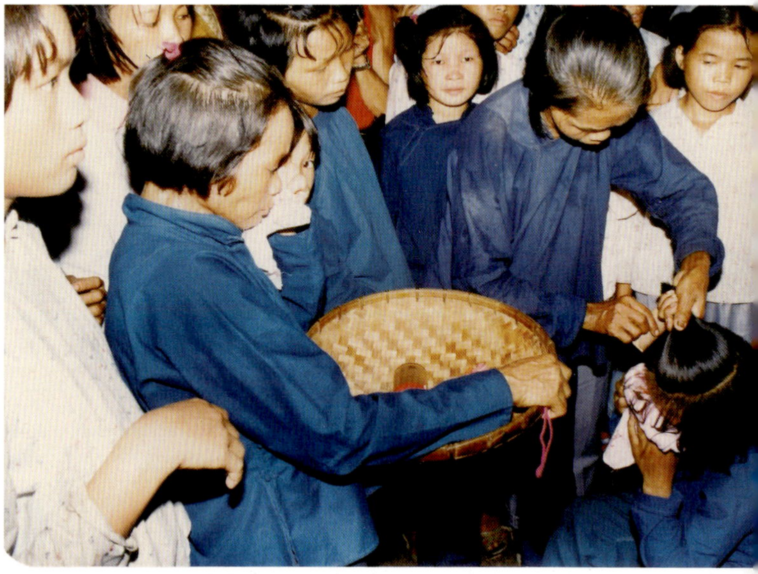

（二）扫新娘脚印和“筛新娘”

姑娘出嫁当天，晨曦初现，她就开始打扮。等到“请行”的爆竹响过三封，姑娘换下原身衣服，穿上黑色的嫁衣裳后到父母面前行屈膝礼，连哭三声，亦表惜别。一旦回首，被认为新娘对这门亲事不诚实，视为不吉之兆。假如新娘无意中回首，接亲娘须用布伞遮掩。为了补救这一不吉祥的举动，接亲娘到了有清水的地方要打一盅凉水给新娘

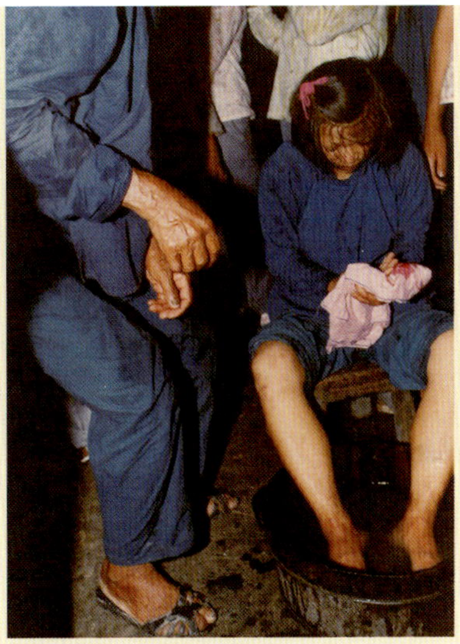

a	b
c	d

a. 20世纪70年代怀集县下帅壮族瑶族乡壮族新娘出嫁前的哭嫁仪式

b. 20世纪70年代怀集县下帅壮族瑶族乡壮族新娘出嫁前的洗脚仪式

c. 20世纪70年代怀集县下帅壮族瑶族乡壮族新娘出嫁前的拜别父母和先祖仪式

d. 20世纪70年代怀集县壮族壮族瑶族乡婚俗之出嫁黑伞

去迎亲的路上

喝，意在让新娘冷了留恋娘家的心。路上过溪过河，接亲娘捡两块小卵石放入新娘布袋内，一直带到新床上，意在和睦相处，不受丈夫欺侮。在这一路上，接亲娘对新娘具有绝对权威。如果新娘在去夫家路上和另一新娘迎面相遇，两个新娘不管认识与否都要表示亲热，并互换裤带或白纸扇（按：现今改为互换手帕），借此互相祝颂婚后幸福。姑娘出嫁，新郎在中华人民共和国成立前是不去接亲的。到了20世纪60年代后，普遍改为要去

a | b
c

a、b. 新娘准备出阁
c. 背新娘出阁

接亲。这一天，女家的亲戚（按：姐、妹、姑、嫂等）担糍送新娘。这些亲戚都被女家邀请来喝喜酒。她们除了给新娘一件成衣或一块布料之外，还要一担用竹叶包的糯米糍，随新娘送到男家。男家收到她们送的礼，必会请她们吃一餐饭，才送她们回去。

迎亲回来的路上

（三）“坐时”、汲新水与闹洞房

娶亲日新娘去到夫家拜堂后，由接亲娘引进洞房。洞房里的一张桌上铺着一块红布，上面用托盘盛着米；米上面放着一把剪刀，期望新娘日后勤裁剪，家庭丰衣足食。

“坐时”礼仪结束了，新娘便开始更衣，走出洞房，让客人一睹芳容，然后便去汲新水，这一风俗怀集下帅壮族也有保留。新娘去夫家第一次汲水，这水就称之为“新水”。由姑或嫂一人带路，到了水井或河边，新娘向水源头的方向行一屈膝礼，同时丢几枚硬币入水，意在敬水、买水，自此以后她要长期饮用这里的水了。新娘汲水时，水桶口向着水源一次装满，以示美满吉祥。如果汲水的地方离家远或因道路坎坷，就不用水桶挑，而用水

新媳妇汲新水

新媳妇请新郎以及众人洗脸

壶（按：如提壶）提回，但打水时的礼仪不能免。把水挑回后，新娘自己动手用新水煮新茶熬新粥。茶叶和白米是新娘在娘家带来的。茶煮成后，新娘在接亲娘或姑嫂的带领下，给来贺喜的客人逐一敬茶。晚餐，家里亲人和留宿的亲戚都要吃新娘粥，表示新娘与家人同甘共苦，与众亲戚的情谊永存，像流水一样滔滔不绝。20世纪80年代以来，青年人自由恋爱，女子婚前已常来常往的到了男家，代老人挑水是常事。但是到了婚礼日，新娘汲新水这一礼仪同样要进行。

20世纪70年代怀集县下帅壮族瑶族乡壮族婚礼之新房

壮族人新婚之夜，闹洞房是别具一格的。当天晚上，新娘把从家里带来的熟花生、糖果、饼干、水果还有硬币等物品撒在新床上，让小孩们抢拿。这个环节一开始，早已等候在新房门口的男女孩童蜂拥而入，争先恐后地爬上床去拿东西。快拿完了，新娘又把糖果花生从孩子们的头上撒下来。至此，婚礼才宣告结束。

三、死生与传承

丧礼是人生的终结仪式。走过了青春的华筵和壮年家业的兴旺，将面对的是衰老与死亡，这是人生不可逃避的宿命。但是生于歌声又死于歌声的壮族丧礼，既悲痛又热烈。为悼念死者，家人请来师公念诵经文，歌唱死者生前的功德，八音奏乐，谓之“娱死”。亡者要穿寿衣，孝子孝孙要穿孝服。丧事活动少则三天多则九天。较之其他壮族分支的丧礼，粤北壮族有自己的特色。

壮族丧礼请道公做法事

广场祭奠。怀集县下帅壮族瑶族乡的壮民注重对死者祭奠的礼节。抬棺埋葬前，停棺在村前空旷的地坪上，由奔丧的族亲戚友祭奠。如果寿岁高，儿孙多，交际广的死者，拜祭的更多，多则六七十“堂”，人数两百多人，加上在棺后跪拜的死者亲属和送丧抬棺的，达三五百人。祭时，幡旗飘拂，纸烛烟飞，爆竹连天，悲声动地。

放在门楼上的棺材

蚁式抬棺。怀集县下帅壮族瑶族乡人抬棺埋葬，往往见到红红的棺材周边，人头涌涌，随后跟着一大串人，在远处望去，好像蚂蚁扛蜻蜓一样。这是因为下帅的棺材都是以四块大杉板做成的，粗大而笨重，加上有的路远山陡，为了便于跑山过岭，故需要更多的人抬棺，他们把两条长于棺材一倍的棺杠平排扎在棺材底板两边，人们直接把棺杠抬在肩膀上。上路时，大都是前拉后推，边抬边不断地喊“窝呵！”“窝呵！”簇拥疾进。对那些因孕产、事故等不正常死亡的，在路上还要打转前进，呼声也更响，意在踏乱脚印，压倒邪气。所以，在抬棺的时候人多势众，犹如蚂蚁抬蜻蜓。而连山壮族抬棺出葬时，则用两条长约三米的木杠夹在棺木下方两侧，用竹蔑、缆

怀集县下帅壮族瑶族乡壮族经书

怀集县下帅壮族瑶族乡道公帽和桌布

绳捆扎，前后左右最少要有三人把棺材托到肩膊上面来抬，棺底两侧又有七八个人托扶（按：包括象征扶柩的孝男们）。在抬了一段路之后，往往要进行一场较力。那场面甚是奇趣，抬棺的人们一路上吆喝着“呜呼！呜呼！”据说可以减轻棺材的重量，实际上是为了步调整齐，易于行进。到了较开阔的地方，在后面的人猛地把棺材推拥向前，在前面的人故意将棺材顶挡甚至向后推，你推我挡，或者就地转圆圈。如此反复多次，意在冲淡沉痛、悲哀的气氛。这时，扶柩的孝男们纷纷下跪，请求停止，避免棺材里的尸体位置移动，抬棺的人只好适可而止。这种较力是表示对高龄逝者的一种敬意。民间认为：死者生前积德，高龄善终，毋须悲哀。来吊丧的人也特别多，有的亲朋还请来“八音”奏乐。如死者生前在乡间行为不好的，乡亲们趁机对死者发泄一番，把棺木上下倒转覆翻来抬，以此表示对死者惩罚，告诫其后人勿学死者。

先祖牌位

抢老寿碗。参加吊丧的人还喜欢将死者生前刻有印记的碗拿回家用，祈望如死者一样长寿。主人对此佯作不知，不得表示非议。这种习俗，在怀集下帅壮区也有流传。20世纪80年代初，竹六管理区沙坪村（今太保镇沙坪村）一姓陈的老者去世。丧事刚刚办完，奔丧的族亲好友把他家的瓷碗“洗劫”一空。1994年，下帅一姓马的101岁老太太去世时，其家人为办丧事买回300个新碗也被奔丧的客人拿走了260多只。原来，下帅流传有这样的说法，如果死者寿高九十岁以上，四代同庆，儿孙满堂的，他（她）所用的碗被认为是长寿碗，用上他（她）的碗也能身体健康、长命百岁，所以才有“抢碗”之风。但是死者不上九十岁，或者人丁孤寡的，其碗是无人拿的。因此，家有年及古稀的老人，在老人未逝世之前，就得添置许多新碗，死者年岁越大，被人拿走的碗就越多。

捡骨重葬。连山壮族有拾骨重葬的习惯。在第一次葬（按：叫“大棺葬”）之后若

太保镇黄国宰墓地

千年，后代将墓穴掘开，将骨骸用草纸、茶油揩干净，按人体骨骼排列顺序放置陶瓮（按：当地叫“金罐”）之中，选择新的墓地，由子孙一人献血涂于脑护骨上再葬。因此，“二次葬”也叫“起金”，又称“血滴重葬”。此时，富裕人家还要树碑、筑台，而贫穷者仅有黄土一堆。拾骨时，凡生人有用的随葬之物全部取出，如玉镯、戒指之类，传给后代作为祛邪之物。据说这是强调死者生前“赤条条来去无牵挂”和“质本洁来还洁去”的本质。另外，也是为了防止有人盗墓，破坏风水。

a | b | c

a. 把遗骨依次放入坛子
b. 道公作法
c. 坛口抹上石灰封口

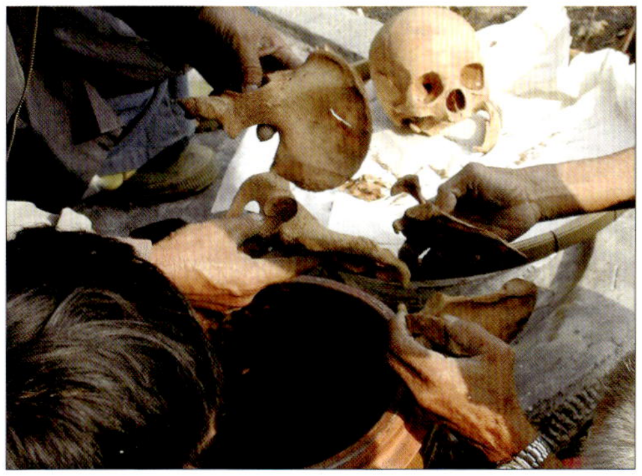

殡葬的礼仪和习俗随着社会经济、政治的发展和文明程度的提高而变化。近年来，在党的引导和相关殡葬改革政策的支持下，广东壮族也开始逐步改革土葬，实行火葬、薄葬，文明、俭朴、节约办丧事的殡葬礼俗，铺张浪费的靡靡之风消失了，树立起良好的社会主义殡葬新风。

第六章 壮歌傩舞

一、壮歌与傩舞

广东壮族也跟其他分支的壮族一样，能歌善舞。民谚有云："禾洞箩，上草歌，沙田上吉好娇娥。"当地壮族人民无论是在田间耕作，还是在山中采樵，都不忘来几句山歌。他们喜欢用甜美的歌声来寻情觅爱，传播知识，表露情感等等。以粤北壮区为例，民歌形式有歌堂夜和年晚歌两种。

三月三壮族对歌

（一）歌堂夜

歌堂夜是流传于连山瑶族壮族自治县福堂镇梅洞村的一种壮族对歌形式。每年的年初二至元宵节的夜晚，或八月十五中秋之夜，人们就会在村中的小广场、村前干旱的田野或者避风的山坡上，烧起两堆篝火，男女歌手分别围火而坐，对唱山歌。对唱的壮族山歌一般分为引歌、对歌、尾歌三部分。“引歌”又分歌声发动和歌声开路两个步骤。歌堂夜活动正式开始前村中男歌手串寨游唱，预告晚上坐歌堂的举行，邀请村寨中男女共同参加。串寨游唱没有定式，唱什么都可。如：“唱歌好/唱歌好/谁话唱歌冇好人/有信便看刘三姐/出口成歌歌成对/歌声袅袅上云天。”

人们听到歌声自然出来问讯，歌手则告知坐歌堂要在当晚举行，请大家早吃晚饭，做好准备等等。串寨游唱之后坐堂歌正式开始前，须由一名男歌手背朝女歌手唱引歌，如：“正月初一好年头/有吃冇吃莫忧愁/争取来年好年景/心翩翩/坐堂歌声响连天。”歌毕转过头来向女方作揖，发出对歌邀请。

对歌先由女方唱问，男方唱答。女歌手在原座位站起，唱道：“借问弟你上歌堂/问你船来是路来/船来划断几支桨/路来踏烂几双鞋。”男方唱答道：“男女歌手上歌堂/有用船桨行路来/熊熊篝火烧正旺/欢天喜地对歌来。”而后轮到男歌手唱问，女歌手唱答，这样轮流问答一直对下去，直到鸡啼甚至通宵达旦，最后男方唱起尾歌，“罢了罢/罢了罢/罢了歌堂各回家/歌弟歌妹歌有少/定期明晚再相会。”这场才算圆满结束。

20世纪80年代连山壮族瑶族自治县坐歌堂

活动过程中所有唱过的歌曲统称坐堂歌，主要有拆字歌、猜谜歌、盘问歌，一般不唱情歌，因为男女老少都在场，地点就在房前屋后，在这种场合唱情歌被认为是不礼貌的。歌手一般采用当地流行的连山土语或壮话演唱，演唱时歌词可自由发挥，一般是互相赞美、道歉、送别，约定明晚或明年再唱等。曲调一般用慢调，舒缓平和、如诉如说。如盘问歌唱道："一根大木几多叶/一缸烧酒几多糟/请弟话/一间大屋几多瓦/ 一头牛牯几多毛。"

对方答唱："大木论兜冇论叶/烧酒论斤冇论糟/听弟话/大屋论间冇讲瓦/牛牯论头冇讲毛。"

男女歌手在对唱的过程中可以带手抄本，或者请"歌伯""歌娇"提示，如果对唱中猜谜或被问回唱答不上，则要认输唱请对方亮出谜底或答案。

a、b. 20世纪80年代年代梅洞村唱花表演

c. 金子山壮族青年对歌相亲

（二）年晚歌

年晚歌是流行于连山瑶族壮族自治县上帅壮族瑶族乡、福堂镇、小三江镇等地的一种壮族对歌形式。每年年三十夜晚到元宵节期间，村与村、寨与寨之间就会举行年晚歌，它是当地壮区最隆重的一个民间歌节。每年的腊月初各村寨的领头人就会召集歌师、歌伯、长老商量年晚歌的筹备工作。做好各项准备（准备筹措经费、挑选有实力的歌手、商议是否聘请外援和对唱的策略）。年晚歌一般在村头门楼、地坪或河边进行。届时，歌场上燃起篝火，点上松明，花灯高悬，气氛热烈。对歌开始，双方以村寨或垌为单位，不分男女，但一般先由男的唱十支引歌。如：

正月初一是新年，观音筛酒敬神仙，神仙饮了三杯酒，饮了三杯醉三年。（福堂）

门神利市两边排，请问歌师从何来？坐车翻过几座山？坐船穿过几条寨？（上帅）

今日客人到我家，敬杯浓酒敬盅茶。酒又浓来茶又热：多饮几杯味冇差。（福堂）

鸡相叮，马相踢，人客进门接，请你望，饮杯酒，叫你以后多多来，这样就亲上再加亲。（上帅）

这样互通姓名、寒暄一番之后，便开始正式对歌。对歌时每方阵营由两人一起同声高唱，叫做“同声”。高唱时歌唱者还用一只手塞着自己的耳朵，据说这样才能唱得更大声，这是年晚歌有别于歌堂夜的地方。因为年晚歌一般在野外举行，歌声高昂嘹亮，对方才能听清楚。如果歌声不够洪亮，或者歌者两个不同声，吐

词不够清楚，便会被对方阵营用歌声奚落，并要求重唱。

年晚歌对歌的内容多是猜谜，包括物谜、字谜和算数等，这一点与福堂镇梅垌的歌堂夜，甚至瑶族耍歌堂、坐歌堂都相似，只是歌的曲调不同，谜文的风格也不同罢了。从这里，我们也可以看到各民族文化的交流和相互的影响。对歌时双方也可以请歌伯当参谋，围观者也可以出谋划策，甚至自告奋勇，参加对歌。如果对不出，或者答错了，就得认输，请对方说出谜底，然后也可以出谜让对方来猜。猜唱的内容也没有顺序，往

春耕节篝火晚会对歌

春耕节篝火晚会

往是想到什么唱什么、猜什么。天地万物，什么都唱；拆字算数，什么都猜；没完没了，经常唱到深夜，甚至黎明，约定明晚再唱。如果某一方感到自己力量不足，还可以邀请邻近村寨帮忙，联合起来和对方再唱，有时一唱就是几个晚上。

歌场上虽然这样难分难解，但分别时双方都很客气，互相赞美，道谢，叮嘱对方回去时慢走慢行，一路平安，表现出无微不至的关切之情。

男：“叮嘱妹，叮妹去归勤做工，勤力做工当人世，有钱米，有曰弟来赁妹贵。”

女：“慢慢去，得郎句话心有数，心雾雾，路有石头青苔路，一时跌例痛妹心。”难分难言之情溢于歌词。

牛王诞上的壮族八音

八音庆新居

通过这些对歌活动，增进了邻里间的友谊，加强了民族内部的团结，男女青年之间还能产生爱情的共鸣。

与歌相配的，就是乐器与舞蹈了，壮族乐器也是极具特色的。流传于粤北山区的壮族八音至今已有两百多年的历史，壮族群众在嫁娶婚庆、新居寿诞之时，喜欢请八音乐队吹奏助兴。“八音”由壮族“三音”吸纳粤剧曲调发展而成。原指“匏、土、金、革、石、木、丝、竹”等八种材料制成的乐器，后来通指乐曲。壮族八音的乐曲由于使用地域不同、传授艺人掌握的水平程度不同而有所不同，乐器种类也因人因事而异，八音队人手少时，至少

壮人面具舞

也要保持有锣、鼓、钹、唢呐、铙五种乐器。

广东壮族舞蹈分为酬神和祈福两大类。与酬神有关的舞蹈一般有怀集下帅乡的《春牛舞》、连山吉田镇《舞马》《贺新年舞》《舞壮狮》《舞木猫狮》《“游灯”装古事》、福堂镇的《舞龟鹿鹤》和《舞龙灯》等。其它舞蹈，多模仿劳动动作，如连山上帅镇的舞蹈《舞火龙》、

壮族傩舞

a	b
	c

a. 壮族舞春牛
b. 壮族舞马
c. 壮族舞狮

小三江镇和怀集下帅的《舞采茶》、禾洞镇的《舞香火龙》。壮舞总体来讲以情绪舞为主，情节舞次之。动作舒缓柔和，抒情优美，表现了稻作民族的细腻性格。

总之，壮族民间歌舞以其独特的形式，多姿的形象展现了壮族人民丰富的生活和精

a｜c
b｜

a. 壮族竹竿舞
b. 壮族扁担舞
c. 壮族装古事

神风貌，它是壮族人民的精神食粮。为了保护地方文化的多样性和丰富性，近年来，全省各地文化部门大力传承，发展非物质文化遗产。连山壮族瑶族自治县近年也十分注重非物质文化遗产的发掘和抢救，其中就有壮族的抢花炮、舞木猫、狮舞龙灯、舞龟鹿鹤等入选清远市非物质文化遗产名录。

二、游戏与竞技

壮族的体育活动花样繁多，独树一帜，具有鲜明的民族特色和区域特征。

（一）闹年锣

闹年锣是春节期间在连山壮族瑶族自治区小三江镇常见的一种娱乐活动。这种活动多在腊月二十四至翌年正月初五的夜间进行，以此表示送旧迎新。届时，村里的青少年自发组织在一起，由5—6人组成一个铜锣队。每队有4—6面铜锣，其中有大锣、小锣，有平锣、芒锣，还配有一对铙钹，有些还配有一个大牛皮鼓。闹年开始时，钹领锣响，以“锵—喳—锵—喳—喳—锵”为节奏，高中低音配合默契，浑厚、尖脆的锣声，震天动地。锣手们或游动敲锣，或选定一个避风地方，烧起一堆篝火，众人轮流敲打，持续十多个小时，一直闹到第二天凌晨。特别是除夕之夜，新年的钟声响起，当家家户户迎新鞭炮声响起时，闹年锣也进入了高潮。等鞭炮声一停，年锣队便开始到各家拜年去了。每到一家，主人都会燃放鞭炮迎接，然后由带队人与主人同向正厅叩首恭贺，接着全体队员再向主人恭贺新禧。最后主人敬以糖茶、点心，热情招待队员。年锣队离开时，主人又燃放鞭炮欢送。

连山壮族瑶族自治县禾洞镇金子山过年闹铜锣

（二）追天灯

追天灯是壮区人民喜爱的一项民族体育运动。是一种自由式赛跑活动。它流行于连山壮族瑶族自治县和怀集下帅壮族瑶族自治乡。“天灯”也叫“孔明灯”，一般用纤细的竹篾编成底部直径0.33米至1米的圆形或圆锥形的骨架，然后用棉纸粘贴外表，骨架内吊一个由细铁线扎成的烧火篮或一海碗，篮内或碗内点燃松柴。天灯因热力的作用自然膨胀，待灯内气体膨胀到一定程度，制作者就点燃附在天灯上的纸炮的导火索，天灯就像离弦的箭，“嗖”的离地，冉冉升空，直上云霄。当灯内松柴烧完，天灯便不再升高，开始顺着风向在天空飘荡下降。

壮区人们往往在春节期间选择天气晴朗、微风徐徐的日子放天灯。活动开始前，人们敲锣打鼓，用唢呐吹奏“起飞曲”。当吊在天灯尾部的纸炮“叭”的一声炸响时，几十个青年小伙子当即起跑，朝着天灯飘游的方向追去，一直追到天灯自由降落并捡回为止。天灯被捡回来时还要吹起“迎春调”，欢迎勇士们胜利归来。在壮区，追天灯是勤劳、勇敢的象征。壮区人认为，天灯是吉祥如意的好兆头，必须放得出去又能拾得回来。因此，人们不管天灯飘多远，追天灯的道途有多险峻漫长，都要把天灯捡回来。中华人民共和国成立初，连山壮族瑶族自治县上帅人放天灯欢庆解放，天灯升天后顺着西南方向飞去，一直到了怀集县冷坑镇境内才降落，追天灯的人跋山涉水，来回跑了70余公里路，终于将灯找了回去。

追天灯这一特色民族体育活动，在连山壮区以及毗邻的怀集、连州都有进行，各地天灯的制作和放飞方法基本相同。但放灯前敲锣打鼓用唢呐吹奏“起行曲”和捡灯后吹奏“迎春调”却是连山壮区独有的。

放天灯

（三）抢花炮

抢花炮俗称“还炮”，是壮族具有浓郁民族特色的民间传统体育项目。参加比赛的人一般8—10人一组，组员可临时现场随意组合，比赛时间预先规定好。凡组织抢花炮活动者，事先请编织手艺高的人用青细竹篾或藤条编织3—5个茶杯口大小的五彩环，外面缠以红布，在以红绿丝线扎牢。比赛一经开始，几个组同时去抢夺彩环，首先抢获彩环者须保管好彩环或将其传给同组人，其他成员须保护彩环不被其他组抢走，直到裁判炮响，大家停止抢夺，这个时候彩环在谁手谁就是冠军。抢花炮不仅是对组员智慧和力量的挑战，更是对其团队协作精神的考验。彩环对壮族同胞来说是吉祥和幸福的象征，谁抢到制有特别标记的彩环，谁（按：包括他的同族人）就能得到好彩头，因此抢花炮的赛场总是很激烈，选手们各个奋不顾身，为幸福的生活挥洒汗水。

另外，“赛铜锣”“咩该放哟”“唧当车”等游戏也是连山壮族节日喜庆或工间休

抢花炮

息时经常开展的活动。此外，壮族也有许多益智游戏，其中棋类最为普遍。下棋是壮人劳动之余不可或缺的娱乐活动，种类很多，如“下三”“三、六、九”“围捕老虎”最具特色，前者老少皆宜，后两种为儿童游戏。

另外还有壮族水球、板鞋，象棋比赛等别具民族特色的体育竞技类活动。总之，壮族传统体育活动作为壮族文化的重要载体，它形式多样、生动活泼，灵活简单、寓教于乐，是传播壮民族传统文化的有效方式，为壮区的建设与发展提供了良好的载体。

a
b | c

a. 水球
b. 女子板鞋比赛
c. 象棋赛

三、今朝壮乡

广东壮族生活的粤北山区，风情独特，山水迷人。壮族聚居区林木葱郁，溪水清澈，空气格外清新，以其原始、古朴、自然、野性等特点吸引着八方来客，是旅游度假的好去处。

连山宝石岩瀑布

连城之韵

	a	
b	c	d

a. 连山冬韵
b. 鹅湖晨渔
c. 鹿鸣春晓
d. 三江水暖鸭先知

另外，粤北壮区在经济发展，尤其是生产农副产品上，也力求保持最原始的味道，用最自然的方式来诠释着山区古朴的风情。连山壮族农家普遍种植杂交水稻，一般比常规稻种的亩产量增加100千克左右，不仅口粮自给，且尚有余粮上市；除水稻外，还有杉、松、竹、杂木、番薯、大薯、芋头（香芋、白芽芋、红芽芋）、花生、竹笋、黄菸、冬菰、莲藕、蔬菜、豆类（黄豆、眉豆、红豆、狗爪豆）等经济林木和杂粮，丰富了自家食物和物质供应。近年，在县政府的号召下，各乡镇发展的“一乡一品”卓有成效。比较突出的形式有小水电、种养业和小工厂等。2016年，全县建成小水电站255座，总装机容量1418万千瓦，年发电量约为4亿千瓦时，发电产值超过2亿，小水电已为连山壮族瑶族自治县重要支柱产业之一，连山壮族瑶族自治县福堂镇（含原永丰镇）立足生

山清水秀采茶忙

a	b
c	d

a. 辛勤的汗水——种姜能手

b. 走在丰收的路上

c. 规模化猪舍

d. 农家收桔忙

态发展区主体功能定位，镇城以木材加工业和小水电的生态型工业为主，拥有木材加工厂39间，水电站25座。该镇有民营企业48家，个体户461家。小三江镇（含原加田镇）拥有企业96家，其中小水电站69座，装机容量3.85万千瓦。近年，新增个体工商户18家，家庭农场21家。养牛、养羊、养猪，销往珠江三角洲等地区；还开发水温达45摄氏度、日流量1500立方米的田心温泉和马头山风景区，2016年，禾洞镇茶叶种植面积3000亩，高山有机茶种植面积2000亩，进驻茶叶种植加工企业3家，

沙田柚丰收

造林的旋律

a | c
b |

a. 松香满园
b. 靓女淘金
c. 修建中的高速公路

腐竹晒场

还成立了茶叶种植专业合作社。鲤鱼尾村种植大果山楂80亩，满昌村有160亩药材种植基地，政岐村种植130亩鹰嘴桃。怀集县下帅壮族瑶族乡1998年开始种植经济价值较高的单枞茶、玉桂、木薯、山楂、八角、罗汉果、凉粉草等。仅八角一项，一般每亩收入500元，高产的达1000元，当地年增收达6—7万元。壮族聚居的连山壮族瑶族自治县福堂镇、小三江镇、上帅壮族瑶族乡和怀集县下帅壮族瑶族乡都有建筑队，木材加工厂；福堂镇办竹笋厂，小三江镇办炮竹厂、炮壳厂，上帅壮族瑶族乡办木衣夹厂。怀集县下帅壮族瑶族乡建有花岗岩石材厂、木衣夹厂、木柄制品厂、造纸厂、立窑红砖厂和小水电站。他们能够充分利用本地资源，发展经济，农村居民生活质量不断提高。2012年，连山壮族瑶族自治县共完成福堂镇梅洞村谢屋至三洞、文贵，上帅至东君，禾洞至铺庄，小三江三才至大获，太保至龙尾等25条42.7公里的新农村公路硬底化建设。按照全省统

a
b

a. 大叶韭菜生产基地
b. 新居之喜

a | b
c

a. 投票
b. 三水茶联壮族群众在看瑶族榜文
c. 如画的新农村

一规划要求，新建太保，禾洞、永和、福堂、小三江、上帅6个招呼站。至2011年底，全县累计建设候车亭共42座，全县46个行政村，达到通农村客运条件的行政村有35个，占76%。2018年底，国道G323线连山县城段改建工程建成通车。

中华人民共和国成立前，壮区没有正规的医疗机构，群众患病，大多数去求神问卜，烧香拜佛，或靠土医草药治病。每逢天花、霍乱、白喉、疟疾等疫病流行，只有听天由命，束手待毙。1928年版《广东连山县志》记载："康熙四十二年秋大疫"；"乾隆七年秋大疫"；"道光二年夏大疫"；"咸丰八年秋彗星见，大疫"。大疫即急性传染病，群众俗称"人瘟"。仅清代初期与中叶前后150多年间就发生了4次大瘟疫，流传有"禾黄鬼入屋，谷熟无人割"的悲惨境地。清康熙年间，连山知县李来章有诗写《秋瘴》云："早起秋多瘴，黄茅易中人，沾襟来毒雾，穿户似轻尘。贯酒宁辞险，吞姜不避辛。土居绕疟痢，眉锁各长颦。"到秋季多"桂花瘴"，相传是由"湿热之气孽而成"的常见病。实际上"桂花瘴"即恶性疟疾，那时人们对这种病无可奈何的恐惧，只好以喝姜酒来防治。清道光十五年（1835年）连山邑令李云栎于酷暑润六月亲自督夫兜捕飞蝗，中瘴毒死亡。故"官斯土者，每避桂花香瘴于连州。"清光绪五年（1879年）八月，张菘谷从广州来连山任绥瑶同知，上月余，不及躲避"桂花瘴"，即病而死。县官染上病尚不能救治，平民百姓更不用说了。1943年，天花大流行，加桐（今小三江镇）一个壮族村原有80多人，病死18人，幸存的人至今还留下全身麻斑。直至中华人民共和国成立前夕，连山县城永和圩仅有一间简陋的医院，5张病床。社会上有一些江湖游医，私营中药铺则附有中草药和医生看诊拾药，价钱偏贵。穷苦人生病，得不到及时治疗，小病酿成大病，大病拖到死亡，或受巫婆神棍的愚弄，造成倾家荡产，人财两空。

中华人民共和国成立后，医疗卫生机构逐步建立和健全，医务人员逐年充实。至2016

a
b

a. 桂林壮族祭拜药王庙
b. 龙胜壮族端午上山采药煎汤洗澡除瘴气

年，全县拥有医疗卫生机构79所，床位305张，执业（助理）医师219人，注册护士292人，村医59人；全年医疗卫生机构诊疗服务512 065人（次），其中门急诊服务495 049人（次）。

截至2016年9月底，连山城乡居民健康档案管理率84.98%，65岁老年人健康管理建档案45.48%，高血压管理率27.22%，糖尿病患者管理率13.98%，重性精神疾病患者管理率87.89%。

在卫生防疫方面，连山于1960年起建立了卫生防疫站，坚持“预防为主，防治结合”的方针，发动群众除害灭病，搞好粪便管理和饮水卫生，实行人畜分居，抓好环境卫生，有计划地预防和根除了钩虫病、丝虫病、疟疾、麻疯病、甲状腺肿等多发病，对常见病及地方病进行普查普治。至20世纪90年代，疟疾、白喉等传染病已得到控制；对山区地方性甲状腺肿大，注意做好加碘盐的供应工作，起到良好的防治作用，发病率由原来的3.8%下降到零，较好地保护了各族人民的身体健康。近三十年来，贯彻以预防为主的方针，做好“四苗”“防六病”和各种微生物制品的接种，以及国家和省级免疫规划项目第一类疫苗免费接种工作。配合做好乙肝、脊灰扫荡等预防接种、传染病疫情报告和镇属门店的食品卫生监督工作。2016年底，全县预防接种，疫苗接种率达98.85%。

妇幼保健工作，也获得应有的重视，连山壮族瑶族自治县设有妇幼保健中心。中心在宣传普及妇幼保健知识、推广科学新法接生等工作也取得了显著成绩。2016年，全县住院分娩产妇数1812人，住院分娩率及高危产妇住院分娩率均达100%，孕产妇建卡率100%，早孕检查率90.5%，产前检查率98.3%，孕妇系统管理率93%，高危产妇管理率100%，产后访视率90.6%。7岁以下儿童保健管理覆盖率92%，新生儿疾病筛查率98.6%。

患者在连山福堂镇卫生所

壮族常用中草药

此外，随着经济和生活水平的提高，壮族人民逐渐养成良好的卫生习惯，积极开展群众性的爱国卫生运动，进一步改善了居住条件和卫生，使旧社会迷信和不卫生的落后状况迅速改变，各种疾病大幅减少，人民医疗事业呈现崭新的面貌。

近年来，粤北壮区在教育文化建设上，也翻开了新的一页。

中华人民共和国成立后，连山壮族瑶族自治县的教育事业列入民族教育的发展范畴，国家对人力、财力、物力的支持很大，壮族人民群众也热心兴教办学，使落后的面貌迅速改观。到1962年自治县成立时，已有初级中学2所，校址分别设在壮区的小三江和福堂。在校中学生525人，其中少数民族学生占48.6%；有完全小学16所，初小50所，小学生5344人，其中少数民族学生3788人，占70.88%；教职员310人，其中少数民族教师49人。

连山壮族瑶族自治县成立后教育事业在基本设施建设、教学设备、配备师资质量等方面逐年增多和加强。1982年建成县民族中学，教学大楼可容纳30多个班级，1982年经

a | b

a. 师生的笑脸
b. 教育环境的改善

省教育厅验收，确认连山实现了普及小学教育，是全国实现普及小学教育最早的两个少数民族县之一，受到上级表彰。《教育通讯》《光明日报》《南方日报》《广东教育》等报刊专门载文介绍，树为典型推广。到1990年，全县有普通中学13所，职业中学1所，教师进修学校1所，小学80所，大部分旧校舍得到改造，建成钢筋水泥红砖结构的教学楼。至2016年，全县有各类学校60余所，其中幼儿园22所，小学27所，初中8所，普通高中1所，完全中学1所，职业技术学校1所，广播电视大学1所。

随着经济发展和文化水平的普遍提高，文化设施也相应发展。20世纪50年代初，首先在县城永和镇兴建文化馆、图书室和965个座位的人民礼堂，亦可放映电影。1967年1月，县城迁吉田镇，先后建设了金山剧场、文化馆，组建了连山民族歌舞团等。20世纪70年代以后，在全县12个乡镇办起文化站，并在上帅、禾洞、大富、太保新建共1000多个座位的电影院。至1978年，砖木结构的文化设施建筑面积12万平方米，图书馆、站的藏书量达3.1万册之多。

20世纪80年代后，连山的文化设施进一步发展和完善。在县城吉田镇新建起颇具规模的文化馆、图书馆、工人文化馆、博物馆，均是多层现代化建筑。还有民族影剧院和广山公园等。同时，在小三江、加田、福堂等地也建起影剧院，永和、太保、吉田设有文化中心等，建筑面积共3.56万平方米。至1990年，全县已有影剧院10间、平均每万人有1025个座位；有歌舞厅7间，图书馆、室16所，藏书共计24.6万册；博物馆收

a. 小学学生的课余生活
b. 文化馆
c. 图书馆

藏有新石器晚期至民国年间的各种文物250种1200多件；有文化宫、室45间，基本上已形成县、镇、村三级的文化设施活动网络。至2011年，建成“农家书屋”47家，初步解决了农民看书难的问题。

2016年，县文化馆、图书馆、博物馆、文化站、文化室等公共文化设施免费开放，全年免费接待群众38 492人次，为各族人民过上美好生活提供了丰富的精神食粮。

a
―
b

a．连山国税局第一届运动会男女混合篮球赛
b．连山迎奥运万人跑

自行车赛

后记

由广东省民族宗教委主导、广东省民族宗教研究院组织编写的“图说广东民族与宗教”书系之《图说广东壮族》，历时两年，几经易稿，终于成功脱稿。

编写时，作者根据“图说广东民族与宗教”书系设计要求，结合广东省壮族特点和生活实际，反映壮族地理风貌、历史来源、文化特性、歌舞节庆、艺术风格等基本情况，力求做到内容翔实、科学准确、文字流畅、怡情寓意，以适应各层次读者的需要。

本书文字力求精炼，图片广采博选。分有前言和六章，分别为追本溯源、田耕南岭、叠彩壮乡、多姿信仰、土风越俗、壮歌傩舞，内容包括了壮族历史传说、来源迁徙、生产生活、社会发展、宗教信仰、生活风情等内容，最后部分主要简述中华人民共和国成立后特别是改革开放以来壮乡在文教建设、脱贫致富等方面所取得的成绩。

本书编写所参考、采用的有关书籍等资料，已在书后分别辑录，在此不一一例举；文中配置的图片、照片出处以及摄影者，不列在每张图片之后，而是一并放在书后分别阐明摄影人员姓名和图片提供单位。如有遗漏，敬请予以批评指正。编写期间得到相关部门和摄影作者的大力支持和帮助，表示衷心感谢！

由于写作时间比较仓促，在编写过程中难免有遗漏和不足之处，敬请广大读者批评指正。

作者

2017年3月

参考文献：

[1]广东省统计局：《广东统计年鉴2012》，中国统计出版社，2012年。

[2]张声震主编：《壮族通史》，民族出版社，1997年。

[3]乌丙安：《中国民间信仰》，上海人民出版社，1995年。

[4]农冠品、莫新银、陆上来、过伟主编：《女神·歌仙·英雄——壮族民间故事新选》，广西民族出版社，1992年。

[5]徐杰舜、刘小春、罗树杰著：《南乡春色——一个壮族乡社会文化的变迁》，广西人民出版社，1990年。

[6]中共怀集县下帅壮族瑶族乡委员会、怀集县下帅壮族瑶族乡人民政府编：《叠彩下帅》，2013年。

[7]怀集民间文学三套集成编委会编：《怀集民间文学作品选》，1990年。

[8]徐舜杰等著：《从磨合到整合——贺州族群关系研究》，广西民族出版社，2001年。

[9]钟敬文主编：《民俗学概论》，上海文艺出版社，1998年。

[10]陶立璠：《民俗学概论》，中央民族学院出版社，1987年。

[11]王铭铭：《山街的记忆——一个台湾社区的信仰与人生》，上海文艺出版社，1997年。

[12]史凤仪：《中国古代婚姻与家庭》，湖北人民出版社，1987年。

[13]鲍宗家：《婚俗文化》，上海人民出版社，1990年。

[14]费孝通主编：《中华民族研究新探索》，中国社会科学出版社，1991年。

[15]林耀华：《义序的宗族研究》，生活·读书·新知三联书店，1989年。

[16][日]濑川昌久著，钱杭译：《族谱：华南汉族的宗族·风水·移居》，上海书店出版社，1999年。

[17]马建钊、陆上来主编：《粤北壮族风情辑录》，民族出版社，2007年。

[18]时玉阶：《壮族民间宗教文化》，民族出版社，2004年。

[19]陈丽琴：《壮族服饰文化研究》，民族出版社，2009年。

[20]王建新主编：《南岭走廊民族宗教研究——道教文化融合的视角》，宗教文化出版社，2011年。

[21]谭伟伦、曾汉祥主编：《阳山、连山、连南的传统社会与民俗》，国际客家学会、海外华人资料研究中心、法国远东学院，2006年。

[22]广东省民族宗教研究院主编：《广东民族宗教调查（2011—2012）》，广东省民族宗教研究院编印（内部资料），2014年。

[23]李晋有等主编：《中国少数民族古籍论》，巴蜀书社，1999年。
[24]虞泽楚主编：《古庙重光》，华夏文化出版社，2012年。
[25]陈志明、张小军、张展鸿编：《传统与变迁——华南的认同和文化》，文津出版社，2000年。
[26]梁庭望编著：《中国壮族》，宁夏人民出版社，2012年。
[27]田明霞主编：《天南地北连山人》，广花城出版社，2012年。
[28]《连山壮族瑶族自治县概况》编写组、《连山壮族瑶族自治县概况》修订本编写组：《连山壮族瑶族自治县概况》，民族出版社，2007年。
[29]陈先钦：《林海欢歌——广东连山林场风采录》，收录于吕立易、吕奎文主编：《在平凡中崛起》，华南理工大学出版社，1992年。
[30]莫自省：《冬阳》，中国言实出版社，2013年。
[31]《壮族简史》编写组、《壮族简史》修订本编写组：《壮族简史》，民族出版社，2008年。
[32]莫自省主编：《莫朝玉将军》，大众文艺出版社，2010年。
[33]陈伟明：《古代华南少数民族民俗文化史》，暨南大学出版社，1998年。
[34]尹仁竟，莫自省：《连山民歌集成》，广东人民出版社，2012年。
[35]练铭志、张菽晖主编：《〈清实录〉与清档案中的广东少数民族史料汇编》，广东人民出版社，2011年。
[36]蒋祖缘、方志钦主编：《简明广东史》，广东人民出版社，1987年。
[37]容观琼、乔晓勤：《民族考古学初论》，广西民族出版社，1992年。
[38]姜樾、廖石泉、丘均元：《南粤少数民族现代革命斗争史研究》，广东人民出版社，1993年。
[39]林永泽：《远山的思索》，中国戏剧出版社，2004年。
[40]许宪隆：《散杂居民族概论》，人民出版社，2013年。
[41]王飞：《明清时期南岭湘粤走廊及其毗邻地带社会发展研究》，暨南大学硕士学位论文，2008年5月。
[42]何延歌：《清初学者李来章理学思想研究》，河南大学硕士学位论文，2010年5月。
[43]陈先钦：《中州才子李来章清初在连山的业绩》，《清远职业技术学院学报》2010年4月。
[44]伍新福：《试论清朝前期对南方少数民族的统治政策》，《贵州文史丛刊》1996年第2期。
[45]袁丽红：《壮区里的客家：以广西上林为个案——壮族与客家关系研究之三》，《广西民族研究》2009年第4期。

摄影者：

赵双喜　张萩晖　邱仕坚　周学飞

雷建荣　谢庆华　李土州　邓先记

田明霞　虞日展　伍雨非　李积勇

陈小秀　陈代启　王清辉

图片提供单位：

广东省民族宗教研究院

连山壮族瑶族自治县统战部

连山壮族瑶族自治县民族宗教局

连山壮族瑶族自治县文广新局

连山壮族瑶族自治县博物馆

连山壮族瑶族自治县档案馆

连山壮族瑶族自治县县志办

连山壮族瑶族自治县芭菲传媒有限公司